KB125114

리더십의 또다른 얼굴,
팔로워십

리더십의 또다른 얼굴,
팔로워십 [개정판]

제 1 판 제1쇄 발행 2013년 6월 13일
개정판 제1쇄 발행 2024년 6월 28일

지은이 심윤섭
펴낸이 임용훈

편집 전민호
용지 (주)정림지류
인쇄 올인피앤비

펴낸곳 예문당
출판등록 1978년 1월 3일 제305-1978-000001호
주소 서울시 영등포구 선유로9길 10 SK V1 센터 603호
전화 02-2243-4333~4
팩스 02-2243-4335
이메일 master@yemundang.com
블로그 www.yemundang.com
페이스북 www.facebook.com/yemundang
트위터 @yemundang

ISBN 978-89-7001-642-9 13320

리더십의 또다른 얼굴,
팔로워십

| 심윤섭 지음 |

개정판

예문당

대한민국에 팔로워십 소개와 보급을 위해 단행본을 출간한 지 벌써 10여 년이라는 시간이 훌쩍 지났다. 당시 팔로워십이라는 주제가 다소 생소했음에도 공공기관, 기업체, 군조직, 일반 독자의 관심이 멈추지 않고 계속되었고, 많은 관심과 사랑 덕분에 『리더십의 또 다른 얼굴, 팔로워십』은 팔로워십 분야에서 확고한 베스트셀러의 위치를 갖게 되었다. 그러니 그간의 성원에 보답하는 것이 저자로서의 소명일 것이며, 개인적으로도 이렇게 개정판을 통해 팔로워십의 최근 트렌드와 사례를 다시 소개할 수 있어서 더 없이 감사할 따름이다.

그 사이 필자는 두 개의 학위를 추가하게 되었고, 자연스럽게 학자의 길로 들어섰다. 그리고 여전히 바쁘게 기업교육 현장을 뛰고 있다. 그만큼 팔로워십은 조직에 필수적인 요소일 뿐만 아니라 이 시대에 점증하는 요구임을 방증한다고 하겠다. 팔로워십은 우리가 일하는 조직뿐만 아니라 우리의 일상 어디에나 영향을 미치는 삶의 한 부분이다.

리더가 많으면 배가 산으로 가지만, 우수한 팔로워십을 보유한 조직은 제대로 된 방향으로 항해한다. 리더가 아무리 애를 써도 팔로워가 귀를 막으면 배는 느릿느릿 제멋대로 움직이거나 좌초될 것이다.

이번 개정판에서는 팔로워십의 주요 사례를 좀 더 최근 것으로 교체하였고, 새로운 내용으로 업데이트했다. 그 외에도 목차를 일부 재배치하여 2장 '헌신'이 있던 자리에 6장 '조화'가 위치하도록 하였다. 상사와의 조화는 팔로워십 역량 중에서도 가장 큰 비중을 차지할 만큼 중요하고 가장 흥미로운 부분이기 때문이다. 그밖에 매 장마다 최근의 사회적 현상이나 이슈를 제시함으로써 팔로워십의 순기능뿐만 아니라 역기능도 함께 살펴보는 심도 있는 공간을 마련했다. 책에서 다루지 못한 부분이나 더 폭넓은 논의와 정보제공을 위해 팔로워십 연구소를 개설하였다. 주소는 'followership.or.kr'이다. 본 사이트는 향후 학회로 거듭날 것이며, 팔로워십 관련 연구와 학술대회 그리고 국내외 명사를 초청하여 콘

퍼런스를 개최할 계획이다.

　책으로 미처 채워지지 않은 갈증은 followership.or.kr 사이트를 방문하여 질의와 참여를 통해 함께 호흡할 수 있기를 바란다.

2024년 5월
심윤섭

오늘, 당신은 리더로 살았는가?

여전히 팔로워십에 대한 오해가 존재한다. 일례로 이름이 상당히 알려진 기업의 교육담당자로부터 최근 강의 제목에서 팔로워십을 빼면 어떻겠느냐는 의견을 받은 적이 있다. 그 이유를 물으니 '팔로워십'이라는 어감이 받아들이기에 따라서는 불편할 수 있을 것 같다는 설명이 돌아왔다. 더 자세히 물어보니 임원 한 분이 그러한 의견을 냈다고 한다. 팔로워십 강의에서 팔로워십이라는 단어를 빼는 것에 대한 여러분의 생각은 어떠한가? 리더십 강의에서 리더십을 빼고, 화재진압 훈련에서 화재 상황을 배제하면 무엇을 할 수 있는가?

팔로워십은 말 잘 듣고 묵묵히 일만 하는 직원을 양성하는 방법이 아니다. 상사의 마음에 쏙 드는 직원이 되는 방법과는 더더욱 관련이 없다. 팔로워십은 리더십과 가깝다. 팔로워십을 발휘하는 모습이 리더십이 되기 때문이다. 내가 부모님께 효도하는 모습은 팔로워십이지만, 나의 자녀에게는 리더십이 된다. 팔로워십과 리더십은 지폐의 앞뒷면에 해당하며 상호 연결되어 있다. 게다가 팔로워십은 현실이고, 리더십은 미래라고 할 수 있다. 리더가 되려면 오랜 시간이 필요하지만, 팔로워는 조직 생활을 시작하는 순간 바로 시작된다. 리더십이 미래라면 팔로워십은 현실이다. 이것을 받아들일 때 탁월한 팔로워로서의 첫걸음이 시작된다.

얼마 전 모 기관의 조사결과를 보니 사원에서 임원으로 승진하는 데 걸리는 기간이 대기업은 대략 20년, 중소기업은 19년 정도 소요된다고 한다. 공무원의 경우는 또 어떤가? 9급으로 시작해서 고위 공무원이 되기까지 평균 50년이 넘게 걸리는 것이 현실이다. 팔팔한 청춘에 입사해서 늘어나는 흰머리와 눈가의 주름을 감당할 수 없을 때까지 부하로 살아야 한다는 말이다. 또 임원이 된다 하더라도 그 위에는 더 높은 임원과 조직의 수장까지, 내가 모셔야 할 상사는 속된 말로 널려 있다.

이렇듯 대부분의 사람들은 리더보다 부하로 살아가는 기간이 훨씬 길다. 그래서 부하를 이끄는 리더십 못지않게 리더를 따르는 능력 또한 중요하다. 그렇다고 해서 아첨과 권모술수에 능한 비굴한 신하가 되라는 말은 아니다. 능력을 인정받는 동시에 조직에 반드시 필요한 사람이 되어야 한다. 한마디로 리더와 조화를 이루며 자기주도적으로 일을 수행하는 태도와 능력을 겸비해야 한다. 이것이 바로 내가 이 책에서 계속 강조하게 될 '팔로워십followership'의 정의이다.

대부분의 사람들이 리더이기보다 팔로워follower로서 살아가는 기간이 더 긴 만큼 나는 여러분에게 리더십이라는 짧은 바늘이 아닌, 팔로워십이라는 길고 질긴 명주실로 각자의 직장생활이 성공적으로 꿰매어지고 아름다운 수를 더해 훌륭한 옷으로 재탄생할 수 있기를 진심으로 바란다.

Contents

이강인, 손흥민
사례가 주는 메시지

국민의 한 사람으로서 2024년 카타르에서 개최된 아시안컵에 큰 기대를 하지 않았다면 거짓말일 것이다. 역사상 최고의 전력과 높은 몸값을 자랑하는 선수들 그리고 유럽 무대에서 주전으로 활약하는 공격수와 미드필더를 다수 보유한 한국은 우승 후보로서 가히 손색이 없었다. 그러나 기대는 4강에서 허무하게 무너졌고, 곧이어 이강인의 하극상 논란과 그로 인한 다툼, 손흥민의 손가락 부상 소식이 이어졌다. 여론은 들끓었고 결국 클린스만 감독의 해임으로 연결됐다. 사람들은 '그러면 그렇지!' '어쩐지 경기력이 이상하더라.' 하며 또다시 반복되는 현실에 개탄했다.

그렇다면 이강인, 손흥민의 사례가 우리에게 던지는 메시지는 무엇일까? 팀워크, 상호 존중, 예의범절, 위계질서. 이는 결국 팔로워십이다! 클린스만이라는 리더 그리고 11명의 팔로워가 만들어 낸 결과가 대표팀의 성적이다. 아무리 우수하고 똑똑한 팔로워를 모아 놓아도 팔로워십이 부족하거나 특정 팔로워의 팔로워십에 문제가 있다면 팀워크도 위계질서도 모두 붕괴된다. 팔로워십은 결과를 만들어 내고 성과를 결정하는 조직의 핵심 요소이다. 누구의 잘못이 더 큰가, 누가 잘못했나를 따지는 것은 본질을 벗어난 일이다. 필자는 팔로워십의 관점에서 보고자 한다. 리더가 팔로워의 팔로워십을 유도하고 팔로워들이 자신의 팔로워십을 점검하고 성장시킨다면 그 자체로 엄청난 경쟁력을 가질 수 있다. 그러나 리더가 팔로워십에 대해 무지하고 팔로워들의 팔로워십이 유약하다면 바람직한 결과를 기대하는 것 자체가 무리가 될 수밖에 없다.

2006년 독일 월드컵을 기억하는가? 아트 사커의 대명사 프랑스는 당시 결승전까지 진출했으며, 지금도 여전히 세계 최고의 팀으로 인정받고 있다. 그러나 고작 4년 후인 2010년 남아공 월드컵에서 믿기지 않는 일이 벌어진다. "대표팀의 형편없고 버릇없는 녀석들이 부끄럽다. 50년 축구인생에서 경험할 수 없는 벽에 부딪쳤다." 당시 프랑스 축구 협회장이던 에스칼레트가 2010년 국회 청문회에 불려나가 했던 말이다.

2010년 남아공 월드컵의 최대 이변은 누가 뭐래도 지난 대회 준우승팀이었던 프랑스가 3연패를 당하며 탈락한 사건이다. 프랑스 국민들은 이런 치욕을 두고 스포츠는 스포츠일 뿐이라며 스스로를 위로할 만큼 너그럽지 못했다. 결국 대표팀이 귀국한 후 감독 도메네크와 프랑스 축구

협회장은 국회 청문회에 출석해야 하는 상황에 놓이게 되었고, 국회의원들은 대표팀의 성적부진과 팀의 내분을 집중적으로 질타했다.

사람들이 알고 있는 것처럼 프랑스 팀은 감독과 선수들 간의 부조화가 매우 심각했다. 몇몇 선수들은 감독에게 노골적인 불만을 표시했고 심지어는 욕설까지 서슴지 않았다. 선수들이 이렇게까지 행동한 이유는 바로 감독의 지도스타일이 마음에 안 들어서였다. 물론, 감독 도메네크가 언론이 팀의 내분을 더욱 부채질한다는 핑계를 대며 리더답지 못한 행동을 한 것도 문제지만, 리더를 따르는 구성원들의 마음가짐과 태도에 따라 어떠한 결과가 초래되는지 그 폐해가 여실히 드러난 사건이었다.

학자와 실무자들에게 팔로워십에 대한 관심을 갖게 한 인물로 인정받고 있는 켈리Kelly, R. E. 교수는 조직의 성공에 리더가 기여하는 정도는 많아야 20%이며 나머지는 팔로워의 몫이라고 한다. 수치의 정확도를 떠나서 리더를 따르는 사람들이 조직의 성과, 나아가 운명까지 결정한다.

음식점을 개업하려는 사람이라면 누구나 유동인구 분석, 좋은 위치 선정, 경쟁관계 파악과 가격책정 그리고 좋은 식재료 공급처 확보 등의 외부요인 점검에 많은 시간을 투자한다. 여기까지는 적어도 음식점을 차릴 마음이 있는 사람이라면 누구나 하는 기본적인 과정에 불과하다.

실질적인 차이는 바로 함께 일하는 사람들에게서 발생한다. 실력 있는 주방장, 상냥하고 깔끔한 서빙, 신속하고 친절한 배달원 그리고 무엇보다 일에 대한 개개인의 태도가 중요하다. 사장이 아무리 잘 해보려고 해도 형편없는 수준의 주방장이나 불친절한 식당 종업원과 함께 일한다면 가게는 결국 문을 닫을 수밖에 없다.

성과는 리더 혼자 만들어낼 수 없다. 많은 기업들이 왜 더 좋은 인재를 끌어오기 위해 노력할까? 인재경영에서 천재경영까지 사람이 중요하다며 입에 침이 마르도록 떠드는 이유는 뭘까? 준비되어 있는, 잠재력이 있는, 능력 있는 팔로워가 필요하기 때문이다. 팔로워십이 조직의 성공과 실패를 결정한다는 사실을 기업들은 이미 경험을 통해 충분히 알고 있다.

팔로워십이 조직의 성공을 좌우하는 만큼 개인의 성공에도 지대한 영향을 미친다. 팔로워로 성공을 경험해 본 사람들은 리더가 되어서도 성공을 이어갈 수 있다. 팔로워십을 바탕으로 성취감을 맛보며 성장해나간다면 이는 모두 자신의 인생 밑천이 된다. 직원일 때는 대충 일하던 사람이 창업을 하고 사장이 된 이후에 없던 능력이 갑자기 생겨 성공하는 일은 절대로 없다. 어떤 일이든, 어떤 목표든 성공을 원한다면 팔로워로 성공해야 한다. 팔로워십을 그 중심에 두어야 한다.

팔로워십은 조직과 개인 모두의 성공 키워드이다.

조직이 이루어낸 성공의 조명은 리더에게 집중되지만 그 뒤에는 숨은 공로자 팔로워가 있다. 마찬가지로 리더도 이전에는 팔로워였으며, 그 시간에 충실했기 때문에 리더의 자리에 오를 수 있었던 것이다. 팔로워십이 조직과 개인 모두의 흥망성쇠를 결정한다는 사실에 우리의 시선을 잠시 고정시켜둘 필요가 있다.

팔로워십이란 '리더와 조화를 이루며 자기주도적으로 일을 수행하는 팔로워의 태도와 능력'이다.
탁월한 팔로워는 '헌신, 자기주도성과 열정, 실력, 조언, 조화'를 겸비함으로써 일터에서 성장하
며 스스로 성공을 만들어간다. 지금부터 나는 어떤 팔로워인지 생각해 보는 시간을 가져보자. 팔
로워십을 구성하는 핵심 요소를 살펴보면서 스스로를 점검해 본다면 팔로워십에 대한 이해가 좀
더 현실적으로 와 닿을 것이다.

1장

출발점 인식

나는 어떤 팔로워인가?

팔로워는 누구이며, 팔로워십은 무엇인가?

받는 만큼만 일할 수 있는가?

그대의 삶이 퇴근 후에 시작된다면

방어적으로 일하는가? 주도적으로 일하는가?

나중에 꺼낼 비장의 카드를 준비 중이라면

비판은 전문가, 실행은 초보자라면

상사와 충돌하며 불편하게 일하고 있는가?

팔로워는 누구이며,
팔로워십은 무엇인가?

SNS의 영향이 크다 보니 팔로워follower 하면 트위터가 제일 먼저 떠오를지도 모른다. 소셜네트워크가 연상된다면 그것도 나쁘지는 않다. 팔로워는 추종자, 누군가를 따르는 사람을 의미한다. 조직 차원에서 말하자면 리더를 따르는 사람, 상사와 업무적 · 위계적으로 연결되어 있는 부하 직원을 의미한다고 하겠다.

그러므로 팔로워라는 용어 자체를 복잡하게 생각할 필요는 없다. 일부 서적이나 학자들이 팔로워라는 단어에 너무 많은 의미를 부여해서 기본적인 이해마저 어렵게 만든 부분이 있다. 팔로워십에 대한 원활한 이해를 위해서라면 위에서 정리한 개념을 숙지하는 것만으로도 충분하다.

예를 들어 B사에 해외개발본부가 있고, 그 산하에 수출 팀이 있다. 수출 팀은 책임자인 김 부장과 열 명의 직원으로 구성되어 있다. 여기서 열

리더십의 또다른 얼굴, 팔로워십

명의 직원은 김 부장의 팔로워이다. 김 부장은 본부장의 팔로워이고, 본부장은 이사진의 팔로워, 이사진은 대표이사의 팔로워이다.

중요한 것은 팔로워에게 팔로워십이 있는지 없는지의 여부이다. 팔로워십이 충만한 팔로워는 상사와 조직이 모두 원하는 인재이며 성과를 창출하고 스스로 발전하는 사람이다. 반면 팔로워십이 부족하거나 아예 없는 팔로워라면 조직에 기여할 수 있는 부분이 상대적으로 적고, 자기발전에서도 좋은 결과를 만들어내지 못한다. 당신이 리더라면 어떤 팔로워와 비전을 함께 성취하고 싶겠는가?

팔로워십은 리더를 잘 보좌하고 리더가 성공할 수 있도록 최대한 지원해주는 것을 말한다. 원래 기업 등 수직적 조직에서 경영자에 대해 구성원이 따르는 방식으로 출발했으나 최근에는 그 의미가 확대되어 법질서와 합의, 권위에 대한 존중 등을 포괄한다. 다양한 학자들의 정의와 견해가 있지만 종합해 보면 팔로워십은 리더를 따르는 태도와 능력에 따라 나뉘며 핵심 의미는 대동소이하다.

결국 팔로워십followership이란 '리더와 조화를 이루며 자기주도적으로 일을 수행하는 팔로워의 태도와 능력'이다. 탁월한 팔로워는 '헌신, 자기주도성과 열정, 실력, 조언, 조화'라는 팔로워십의 핵심 요소를 겸비함으로써 일터에서 성장하며 스스로 성공을 만들어간다.

이 책에 자주 등장하는 이 두 단어를 마음속에 새겨 놓았으면 한다. 혼동이 된다면 앞의 글을 다시 한번 읽어 보는 것도 괜찮다.

지금부터 나는 어떤 팔로워인지 스스로 생각해 보는 시간을 가져보자. 팔로워십을 구성하는 핵심 요소를 살펴보면서 스스로를 점검해 본다면 팔로워십에 대한 이해가 좀 더 현실적으로 와닿지 않을까 한다.

팔로워의 의미와 팔로워십의 개념에 관한 학자들의 다양한 견해

1 팔로워follower의 의미

• 어원적 의미[1]

어원적 의미의 팔로워follower는 독일 고어인 'follazionhan'에서 나온 것으로 '돕다', '후원하다', ' 공헌하다' 등을 뜻하는 단어이다. 이 말과 대응되는 독일 고어인 리더leader는 '참다', ' 고통받다', ' 견디다' 등을 뜻한다. 즉, 팔로워란 리더의 고통을 돕고 후원하는 사람이라고 정의할 수 있다.

• 사전적 의미

웹스터 사전에서는 팔로워를 '다른 사람의 서비스 안에 있는 사람', '타인의 가르침이나 견해를 따르는 사람', '타인을 모방하는 사람'으로 정의하고 있다.

2 팔로워십followership의 개념[2]

팔로워십의 개념은 1949년 폴레트Follett에 의해 처음으로 제시되었는데,
그녀는 리더와 팔로워 간의 관계가 독특하면서도 상호의존적인 개념과 역
동적인 측면에서 제시되어야 한다고 주장했다. 리더와 팔로워 간의 관계는
지배나 통제, 복종의 관계보다는 팀이나 조직이 직면한 어떤 상황을 해결
하고 풀어갈 수 있도록 상호 간의 영향력을 발휘하는 중요한 관계라는 것이
다. 그밖에 팔로워십에 대한 학자들의 다양한 정의는 아래와 같다.

• 바누트 고메즈Banutu-Gomez, 2004

독립적이고 비판적인 사고를 가지고 업무를 수행하며 창의적이고 건설적
인 팔로워들의 특징을 나타내는 것.

• 찰레프Chaleff, 1995

팔로워가 리더와 비전을 공유하며 리더와 조직이 성공하기를 바라면서 조
직에 참여하는 과정.

• 아그호Agho, 2009

조직의 목표를 성취하기 위하여 상사의 노력을 지원하고 상사의 지시에 능
률적이고 주도적으로 따르는 개인의 능력.

• 켈리Kelly R. E, 1998

리더와 함께 조직의 목표를 달성하기 위해 비판적인 사고와 능동적인 참여
로 과업을 수행하는 과정.

• 워트만Wortman, 1986

주어진 상황에서 조직의 목표 달성을 위해 리더가 의도하는 바에 따라 하급
자가 개인이나 집단적 노력에 참여함으로써 개인적 목표를 획득하는 과정.

받는 만큼만
일할 수 있는가?

미국 애틀랜타의 한 음식점에서 접시 닦는 아르바이트를 하던 스테이시 가델라는 다른 아르바이트생들과는 좀 다른 방식으로 일했다. 접시의 물기를 완벽히 제거한 후, 그것들을 다시 가지런히 정렬하여 보기 좋게 놓아둔 것이다. 그런 그녀의 일하는 태도를 눈여겨본 매니저가 정직원으로 일해 볼 생각이 있는지 물었고, 스테이시는 회사에 입사하여 5년 만에 마케팅 이사로 승진했다.

이 이야기는 아웃백 스테이크하우스 매장에서 접시를 닦던 한 여대생의 남다른 태도가 만들어낸 성공 사례이다. 만약 그녀가 받는 만큼만 일하겠다는 마음을 가졌다면 접시의 물기를 완벽하게 제거하고 그것들을 다시 가지런히 정렬해 놓는 따위의 일은 하지 않았을 것이다.

각도를 조금 틀어서 바라보자. 만일 여러분이 이 매장의 매니저라면 받는 만큼 일하는 사람과 헌신하며 일하는 사람 중 누구를 더 신뢰하겠는가? 또 정직원 채용에 영향력을 행사할 만한 권한을 가졌다면 누구를 선택하고 싶겠는가?

누구나 자신은 회사로부터 받는 것보다 더 많이 일하고 있으며, 적어도 받는 만큼은 일하고 있다고 생각한다. 충분히 옳은 생각이고, 대한민국 직장인치고 그렇게 일하지 않는 사람은 없으리라 믿는다.

하지만 한 발 더 나아가 생각해 보자. 누구나 그런 생각을 하고 있고, 나 역시 그렇게 믿고 있다면 내가 그 사람들과 다른 점은 무엇인가? 어느새 나의 생각과 행동이 시간이 거듭될수록 매너리즘에 빠져들고 있지는 않은지 고민해 볼 필요가 있다.

마쓰시타 고노스케는 그의 저서 『사원의 마음가짐』에서 "어떤 사원의 급여가 100만 원이라고 해서 그 사원이 100만 원어치의 일만 한다면 회사 입장에서는 남는 게 하나도 없다. 이렇게 되면 주주들에게 줄 배당금도 없고 세금 낼 돈도 한 푼 안 남는다. 어느 정도의 업무량이 타당하고 바람직한가에 대해 한마디로 말할 수는 없지만, 회사의 사원이라면 이번 달 자신의 노동 가치가 얼마 정도인지는 고민해 봐야 한다. 본인의 노동 가치를 평가하고 자문하면 스스로의 가치가 높아지고, 한 단계 높은 목표를 갖고 회사생활을 할 수 있다. 만일 모든 사원이 이런 마음가짐으로 일한다면 그 에너지는 더욱 강력해질 것이다"라고 함으로써 사원 스스로가 자신의 노동 가치와 기여도를 곰곰이 생각해 보는 행위가 자신의 가치와 조직 발전에 기여하는 출발점임을 강조했다.

'받는 만큼 일한다'는 생각은 똑똑하지 못하다. 이런 생각은 그 사람의 행동을 제한하고 발전의 계기를 스스로 없애버리는 꼴이다. 발전할 수 없기 때문에 조직 내 평가 또한 기대 이하일 수밖에 없고, 그러다 보니 직장생활이 행복하지 못하다. 이 점이 바로 많은 사람들이 쉽게 빠지는 직장생활의 커다란 수렁이다.

좀 더 전향적으로 '나의 노동 가치는 얼마일까?' '나는 프로 의식이 살아 있는가?' '만약 내가 사장이라면 나에게 얼마의 월급을 줘야 타당할까?' 스스로에게 질문해 보자. 자신의 실력과 마음가짐을 점검해 보자. 그리고 긍정적인 자극을 스스로에게 주면서 그 자극을 자기발전의 밑거름으로 삼아 보자.

받는 만큼 일한다는 생각을 스스로 걷어낼 때 비로소 탁월한 팔로워로 도약할 수 있다. 받는 만큼만 일한다는 생각이 당신의 삶을 방해하도록 내버려두지 말자. 그저 그런 부하의 특성과 지금 바로 이별하자.

그대의 삶이
퇴근 후에 시작된다면

일과 삶의 균형은 매우 중요하다. 장거리를 주행하는 자동차는 엔진에 무리가 가기 때문에 가끔은 쉬게 해주는 편이 여러모로 좋다. 사람은 더더욱 그렇다. 그래서 퇴근 후의 삶은 매우 중요하다. 하루의 절반을 사무실에서 혹은 작업현장과 거리에서 고군분투한 여러분, 퇴근하라!

하지만 그대의 삶이 퇴근 후에 시작된다면 왠지 씁쓸하다. 일터에서의 삶이 퇴근 후의 삶을 위한 희생이거나, 하기 싫은 일을 억지로 참고 견뎌야만 하는 한나절이라면 그대의 직장생활을 재검토해야 한다.

소문난 맛집은 밑반찬도 훌륭하다. 곰탕으로 유명한 집은 깍두기조차 맛깔스럽다. 우리의 삶도 마찬가지이다. 하루의 절반을 보내는 일터에서의 삶이 만족스러울 때 퇴근 후의 삶도 만족스럽다. 반대로 퇴근 후의 삶이 만족스러우면 일터에서의 삶도 만족스럽게 이끌 수 있다. 그러니 두 가지를 분리해서 생각해서는 곤란하다. 소중한 일터의 삶이 퇴근 후의 삶을 지원해주는 물질적 공급처에 불과하거나 마음 주고 싶지 않은 곳이 된다면, 그대의 삶은 불행하다.

만족스러운 하루, 나아가 원하는 성공을 움켜쥐고 싶다면 일터에서의 삶에 집중해야 한다. 나그네처럼 잠시 스쳐가는 곳이 아니라 일과 일터의 주인이 되어 절반의 하루를 제대로 완성해야 한다. 일에서 성공하고 일에서 보람을 느끼며 일로 승부해야 한다. 일이 풀리지 않은 상태에서 쉬는 것은 완벽한 휴식이 아니다.

"매일 일하다 조금 쉬면 재미있지만, 매일 놀면 재미가 없어요. 사람들은 스트레스를 푼다고 술 마시고, 파친코에 가고, 영화를 보고는 합니다만 그렇게 해서 풀리는 스트레스라면 진짜 스트레스가 아닙니다. 작은 스트레스죠. 진짜 스트레스는 일 스트레스이고, 그것은 일로 성공해야 비로소 풀립니다."[3]

일본전산의 창업자 나가모리 시게노부가 한 인터뷰에서 한 말이다.

한 사람의 휴식과 취미에 대해 간섭하거나 조언할 마음은 추호도 없다. 퇴근 후에 쉬는 것은 당연하고 휴식은 반드시 필요하다. 그러나 휴식이 일의 목표가 되어서는 곤란하다. 경기에서 승리한 후 쉬는 선수의 마음과 패한 후 숙소로 돌아와서 쉬는 선수의 마음이 같을 수 없다. 안락하고 편안한 퇴근 후의 삶을 원한다면 일터의 삶에 충실해야 한다.

그대의 삶이 퇴근 후에 시작된다 하더라도 그것은 단지 몇 시간의 도피에 불과하다. 다시 출근하면 일터에 현실이라는 거인이 그대를 기다리고 있을 것이다. 일터의 삶에 충실하지 못하면 진정한 휴식도 멋진 삶도 기대할 수 없다.

일터에서 열정적으로 일하자.

열정적으로 일하며 일을 하나씩 해결하는 팔로워는 에너지 넘치는 조직생활이 가능하다. 하루의 일에 열정을 다하고, 일에서 성공을 맛볼 때 퇴근 후 참다운 휴식과 마주할 수 있다.

방어적으로 일하는가?
주도적으로 일하는가?

"의자를 구매한 지 한 달밖에 되지 않았는데 소음이 심하네요."

내 말이 끝나기가 무섭게 전화를 받은 사람이 말했다.

"저희 소관이 아니니 담당 부서로 돌려 드릴게요."

연결음이 한동안 이어진 후 누군가 다시 전화를 받았다.

"의자를 구매한 지 한 달밖에 되지 않았는데 소음이 심하네요."

"어디서 구매하셨죠?"

"인터넷 쇼핑몰 ○○○입니다."

"저희 담당이 아니니 이쪽으로 전화를 해보세요. 여기서는 직접 연결이 안 돼서요."

알려준 번호로 전화를 걸었다. 그러고 나서 앵무새처럼 반복했다.

"의자를 구매한 지 한 달밖에 되지 않았는데 소음이 심하네요."

"어디서 구매하셨죠?"

"인터넷 쇼핑몰 ○○○입니다."

"AS를 해드리겠습니다. 연락처를 남겨주시면 담당자에게 전달하겠습니다. 제가 담당이 아니라서요."

그렇게 며칠을 기다렸지만 전화는 끝내 오지 않았다. 나는 다시 가구회사에 전화를 걸었다.

"의자를 구매한 지 한 달밖에 되지 않았는데 소음이 심하네요."

"AS를 해드리겠습니다. 연락처를 남겨주시면 담당자에게 전달하겠습니다. 제가 담당이 아니라서요."

결국 나는 소음이 나는 그 의자를 지금까지 사용하고 있다. 가구회사의 직원들은 서로 자기의 일이 아니라며 핑퐁게임을 했고, 무상으로 AS가 가능한 기간이 지나도록 연락을 받을 수 없었다. 물론 담당자의 이름과 전화번호까지 모두 가지고 있었고, 이후 몇 차례 직접 전화를 해봤지만 소용이 없었다. 자기 일과 남의 일을 구분하며 서로 떠넘기는 담당자들 덕분에 그 회사는 고객 한 명을 영원히 잃어버렸다.

한때 국내 가구판매 1위까지 했던 이 기업의 직원들은 한마디로 형편없었다. 그저 그런 부하의 특성이 구성원들에게 고스란히 배어 있었다. 최근에는 실적 부진과 판로 개척 실패로 지속적인 위기 상황에 놓여 있는 상태이다. 자기 일과 남의 일을 구분하며 방어적으로 일하는 팔로워들 때문에 회사가 이 지경이 된 것일까? 아니면 이러한 회사 사정이 팔로

리더십의 또다른 얼굴, 팔로워십

워들로 하여금 방어적으로 일하도록 만든 것일까? 앞뒤를 바꾸더라도 공식은 성립된다. 안 되는 조직에는 자기 일과 남의 일을 구분하며 방어적으로 일하는 팔로워가 많다는 것이다.

일터에는 분명 내가 해야 할 일과 다른 사람이 해야 할 일이 정해져 있다. 부서가 다르고 임무가 다르기 때문에 자기가 맡은 고유의 영역과 일이 있다. 그러나 칼로 무를 자르듯 정확하게 나눌 수 없는 사각지대의 업무가 존재하기 마련이고, 구성원들이 이 사각지대의 업무를 나의 일처럼 여기고 행동할 때 조직과 나는 함께 발전한다. 나의 일은 여기까지라고 스스로 선을 긋고, 새롭게 추가되는 일에는 방어적인 자세를 취한다면 사각지대의 업무에서 늘 문제가 발생한다.

만일 어떤 고객이 냉장고 문을 열 때마다 컴퓨터에서 잡음이 발생하는 문제로 A사의 고객센터에 문의를 했다고 치자. 그리고 그 냉장고와 컴퓨터가 모두 A사의 제품이라면 가전제품 부서와 PC 사업부는 서로 핑퐁게임을 해야 할까? 냉장고 담당은 PC 담당에게 떠넘기고, PC 담당은 다시 냉장고 담당에게 떠넘긴다면 고객은 어디에서 어떻게 문제를 해결해야 한단 말인가?

새롭게 주어진 일을 대하는 태도에서 우리는 방어적으로 일하는 사람과 자기주도적으로 일하는 사람을 쉽게 구분할 수 있다. 자기주도적으로 일하는 사람은 새로운 일이 주어졌을 때 한번 해보겠다는 자세와 내 인생에 도움이 된다는 긍정적인 생각으로 임하기 위해 나름의 애를 쓴다.

반면 방어적으로 일하는 사람은 내 몸만 피곤해지는 일, 최대한 피해야 할 일, 나만 손해 보는 일이라는 판단하에 주어진 일을 거절하거나 회피한다.

그럴 경우 당장 내 몸은 편할지 모르지만 하는 일이 단조롭고 제한된 업무만 하다 보니 성장이 더디다. 성장이 더디다 보니 조직에서 인정받지 못하고 함께 입사한 동기와의 경쟁에서도 뒤처진다. 이는 결국 조직과 동료들의 불만을 야기하게 되고, 또다시 방어적으로 일할 수밖에 없는 상황에 놓이게 된다. 이는 자기 일과 남의 일을 구분하며 방어적으로 일하는 태도가 만들어낸 굴레이다.

자기 일과 남의 일을 구분하며 일하지 말자.

나의 일은 여기까지라고 스스로 선을 긋고 새로운 일을 거부하는 팔로워는 업무적으로 성장할 수 없다. 자기주도적으로 일하면서 성장한다는 큰 틀의 사고로 임하자.

리더십의 또다른 얼굴, 팔로워십

나중에 꺼낼 비장의 카드를
준비 중이라면

약자가 모욕을 참고 견디면서 힘을 갈고닦을 때를 의미하는 고사성어가 '도광양회韜光養晦'이다. 나관중의 『삼국지연의』에서 유비가 조조의 식객 노릇을 할 때 살아남기 위해 일부러 몸을 낮추고 어리석은 사람으로 보이도록 하여 경계심을 풀도록 만들었던 계책에서 유래되었다.

1980년대 중국은 강대국들과 대적할 만한 힘이 생길 때까지 침묵하며 협력하는 정책을 줄곧 펴왔는데, 그로 인해 '도광양회'가 세상에 널리 알려지게 되었다. 상대방과 나의 관계가 적대적일 때, 지금은 약자지만 언젠가 이를 극복하고 보란 듯이 일어서고자 할 때 사용하는 말이다.

일터에서도 필요 이상의 적대감을 갖고 언젠가 세상이 깜짝 놀랄 비장의 카드를 꺼내겠다는 결의를 보이는 사람들이 종종 있다. 하지만 애석하게도 그 비장의 카드는 좀처럼 나올 줄 모르고 김빠진 콜라처럼 싱겁게 끝나는 경우가 많다.

"나 조만간 이 회사 뜬다. 내가 지금 아쉬워서 다니는 게 아니야."

"……."

"사실 요즘 대박 날 만한 아이템을 준비 중인데……."

"뭔데요?"

"절대로 다른 사람한테 말하면 안 된다. 내가 회사하고 상사한테 크게 한 방 먹일 거야."

경험상 이렇게 말하는 사람들의 대부분은 반대로 자신이 크게 한 방 먹는다. 동기가 불순하기 때문에 제대로 된 실력 발휘를 할 수 없고, 오기만 가지고는 객관적인 안목을 확보할 수 없기 때문이다.

실력이 출중한 팔로워가 회사 일도 열심히 하면서 자신의 미래까지 준비한다면 누가 말리겠는가? 어차피 조직이라는 곳은 이 몸이 늙어 죽을 때까지 책임져주지 않는다. 있는 동안 성심껏 일하고, 나가서는 더 크게 성공한다면 이 또한 박수 쳐줄 일이다. 그러나 실력과 경험이 부족한 상태에서 쓸데없는 적대감만으로 '도광양회'를 운운한다면 그 결말은 대개 해피엔딩이 되지 못한다.

진정 성공하고 싶다면 검증된 두 가지 방법을 활용해야 한다.

첫 번째는 성공한 사람들의 공통점을 분석해서 따라 해보는 것이다. 성공한 사람들의 길을 답습하다 보면 그들의 생각과 노하우를 가늠할 수 있고 어느 정도는 내 것으로 만들 수 있다.

그런데 어째서 성공한 사람들을 따라 해야 하는 것일까? 그 이유는 성공의 두 번째 방법, 바로 성공 경험과 실력을 쌓기 위해서이다. 성공한 사람들을 따라 하다 보면 자연스럽게 경험하게 되고, 경험하고 부딪치다 보면 실패와 성공을 오가는 사이 실력이 쌓이기 때문이다. 얼마나 경험하고 실패해야 하는지 그 횟수는 개인차가 있기 때문에 기준을 정하기에는 무리가 있다. 그러나 성공하기 원한다면 이전에 성공한 사람들을 따라 함으로써 경험과 실력을 쌓아야 한다는 원리만큼은 모든 성공학의 기초라는 사실을 잊지 말아야 한다.

그렇다면 성공 경험과 실력 쌓기는 어디에서 해야 할까? 일터에서 성공해 보지 못한 사람이 일터를 벗어나자마자 갑자기 성공하기란 소설과도 같은 이야기이다. 고기도 먹어 본 사람이 먹는다고, 성공도 해본 사람이 잘한다. 일터에서 최선을 다해 일하고 자기 일에서 성공을 경험할 때 비로소 실력이 붙고 비장의 카드도 꺼낼 수 있다. 그러니 힘을 아끼며 일하지 말자. 나중에 꺼낼 비장의 카드는 일터에서 성공하며 실력으로 잘 다듬어진 그런 카드여야 한다.

비판은 전문가,
실행은 초보자라면

투덜이 스머프에게는 늘 못마땅한 일투성이다. 어떤 일이든 뚜렷한 이유 없이 무조건 반대부터 하고 본다. 만화 캐릭터 투덜이 스머프는 귀엽지만 일터에서의 투덜이 스머프는 결코 환영받을 수 없다.

불만이 없는 사람은 없다. 불만은 사람이 가질 수 있는 자연스런 감정이자 인류 발전의 원동력이다. 현실에 만족하지 못하는 인간의 특성 때문에 과학과 기술이 발전했다는 사실은 부인할 수 없는 역사이다. 불만이 대안을 만들었고, 그 대안이 기술을 개발했다.

일터에서 발생하는 불만 역시 자연스러운 현상이다. 그리고 불만은 조직 발전의 원동력이 될 수 있다. 단, 불만이 불만으로 끝나서는 안 된다. 대안과 조언이 나올 때 비로소 발전적인 방향으로 나아갈 수 있다.

아무런 대책 없는 불만은 잔소리일 뿐이고, 늘 반대만 제기하는 사람은 조직의 발전을 저해하는 훼방꾼이다. 반대로 아무런 조언이나 대안을 제시하지 않는다는 점에서 상사의 말에 무조건 '예스'로 일관하는 팔로워도 문제이다. 내키지 않는 상황에서조차 '예'라고 동의할 수밖에 없는 곳이 조직이다. 보수적인 곳일수록 팔로워들이 겪어야 할 고충이 얼마나 큰지도 이해한다. 그러나 대안을 갖고 반대하거나 조언을 한다면 자신의 주장에 어느 정도 힘을 실을 수 있다. 그러므로 대책 없는 반대나 투덜이 스머프처럼 투정으로 일관하는 태도는 지양해야 한다. 대안을 생각하고 준비하는 습관을 들여야 한다.

긍정적인 마음으로 해결 방법을 간절히 찾다 보면 창의적인 해결책이 만들어진다. 또 대안을 갖고 제안을 하기 위해서는 먼저 상사의 의중을 파악하고 상사가 하고자 하는 말의 핵심을 이해해야 한다. 만일 지레짐작으로 파악하거나 느낌만으로 일을 추진한다면 제대로 된 대안을 준비할 수 없다. 설령 준비한다고 하더라도 상사의 의중과 동떨어진 대안이 된다면 이 또한 곤란하다.

이외에도 대안을 제시할 때는 이성적인 차원의 접근도 중요하지만 감성에 호소하는 센스가 필요하다. 인간은 감정의 동물이기 때문에 이성적으로 옳다 하더라도 감성적으로 거부감이 든다면 조언과 대안이 효과를 발휘하기 힘들다.

대책 없는 불만과 반대보다는 대안을 생각하고 준비하는 쪽으로 방향키를 돌리면 얼마든지 성장할 수 있다. 대책 없는 불만은 투덜이 스머프에게 맡기고 오늘 당장 대안과 조언을 위한 고민을 시작하자.

"냉소주의자란 모든 것의 가격은 알고 있지만 그 가치는 모르는 사람이다."

_오스카 와일드

리더십의 또다른 얼굴, 팔로워십

상사와 충돌하며
불편하게 일하고 있는가?

캠벨이라는 심리학자는 미국과 유럽의 많은 기업체 관리자들과 협력해 개별 면접을 보고 여기서 뛰어난 재능을 갖고 있으나 장기적으로 성과를 내지 못하는 사람들의 특성을 찾아냈다.[4] 그들에게 공통적으로 발견된 치명적 결함은 '상사와의 상습적인 갈등', '다른 사람들과 협력 관계를 형성하지 못함', '권위적인 태도와 행동' 등 주로 대인관계에 관련된 사항들이었다.

조직의 핵심은 사람이다. 다시 말해 인재가 중요하다는 의미이다. 그런데 인재들이 모여서 함께 일할 때의 성과가 혼자 일하는 것보다 못한 결과를 낳기도 한다. 아무리 뛰어난 인재라도 소통하지 못하면 조직에 마이너스가 된다. 개개인을 놓고 보면 하나같이 훌륭한 리더, 똑똑한 팔로워일지라도 서로 소통이 원활해야 조직이 기대하는 결과를 얻을 수 있다.

탁월한 팔로워는 상사와 조화를 이루며 일한다. 상사와 협력하며 공동의 목표를 달성하는 데 매진하며, 상사와의 보조를 맞추기 위해 노력하고, 상사의 단점을 보완하는 방향으로 일을 추진한다. 그러나 조화를 이루지 못하는 팔로워는 상사와 불편하게 일해야 하는 상황에 맞닥뜨리게 된다. 팔로워가 상사의 단점을 들여다보면서 불평불만을 제기한다면 서로 감정이 격해질 수밖에 없다.

다음 장에서 보다 자세히 다루겠지만 상사와 부하의 원만한 소통을 위해서는 대화가 반드시 필요하다. 특히 직접 대화의 비중을 줄여서는 안 된다. 일터에서 이루어지는 보고나 상담 등의 공식적인 대화와 일상적인 대화 모두가 중요하다. 직접 대화는 소통에 있어서 윤활유 역할을 한다.

상사에게 경과나 결과를 보고하면서 일을 추진하는 부하가 있는가 하면, 어떤 조언도 구하지 않으면서 임의로 일을 추진하는 부하도 있다. 상사와 소통하며 행복하게 일하자. 상사와 충돌하며 불편하게 일하는 상황처럼 큰 고역도 없다.

자기진단,
나는 어떤 **팔로워**인가?

내가 어떤 팔로워인지 스스로 점검해 본다면 팔로워십의 출발점을 인식하는 데 분명 큰 도움이 될 수 있다.

이 책을 읽는 동안 내가 누구인지, 나는 어떤 팔로워인지에 대한 지속적인 자기점검이 없다면 이후에 전개되는 내용이 남의 이야기로 들릴지도 모른다. 이에 팔로워십의 권위자인 로버트 켈리 교수의 이론에서부터 다양한 학자들의 주장이 담긴 '팔로워 유형 분석'을 정리한 후, 필자의 의견을 더해 간단한 틀을 만들었다. 내용을 살펴본 후 자기점검에 유익한 도구로 활용했으면 하는 바람이다.

우선 리더를 적극적으로 돕는지의 여부에 따라 '소극적/적극적'으로 나누고, 자기주도적으로 생각하며 일하는지에 따라 '독립적 사고/의존적 사고'로 분류했다.

탤런트형 팔로워

조직에 도움이 되는 방향으로 자기주도적으로 일한다. 적극적으로 리더를 돕고 리더와 조화를 이루며 일한다. 조직이 가장 희망하는 유형의 팔로워로서 탁월함을 갖고 있다. 조직과 개인 모두의 발전을 희망한다면 '탤런트형 팔로워' 양성을 위한 조직환경 개선과 지속적인 투자가 필요하다.

순응형 팔로워

탤런트형과 마찬가지로 적극적으로 리더를 돕고 리더와 조화를 이루며 일한다. 그러나 자기주도적으로 일하기보다는 주로 상사의 지시에 따르는 편이다. 상사의 명령에 따르면서 나름 열심히 일하는 유형이라고 할 수 있다. 일반적으로 가장 많은 분포를 보이는 유형이다.

조직 발전에 꼭 필요한 유형의 팔로워이지만, 탤런트형 팔로워로 발전

리더십의 또다른 얼굴, 팔로워십

하기 위해서는 자기주도적으로 일하는 습관과 용기가 필요하다.

수동형 팔로워

문제가 되지 않는 선에서 일을 처리하고, 리더와 협력하거나 조화를 이루려는 노력에도 소극적이다. 시키는 일은 하되 상사와는 대립하지 않는 선에서 일하면 된다고 생각한다. 보수적이고 권위적인 조직에서 흔히 볼 수 있는 유형이다. 수동형 팔로워는 조직의 정체와 퇴보에 큰 영향을 미친다.

냉소형 팔로워

자기주도적으로 일할 수 있는 능력과 사고를 가지고 있지만 상사를 돕고 조화를 이루는 데 있어서는 매우 소극적이다. 능력은 있지만, 조직을 위해 능력 발휘를 하지 않는다. 비판이나 상황 분석력은 발달되어 있지만 대안은 제시하지 못하는 팔로워 유형이다. 조직 내 갈등이 심화될 때, 팔로워 자체가 냉소적인 성격일 때 주로 나타난다. 조직의 발전에 가장 장애가 되는 유형이며, 부정적인 분위기를 주도하며 조직 내에 퍼뜨릴 위험이 있다.

• 팔로워십 자기진단을 위한 질문

아래 1~4의 질문을 차분히 읽어 본 후, '매우 그렇다'에서 '전혀 아니다' 중

본인의 평소 생각이나 행동을 기준으로 솔직하게 대답해주세요.

No	질문	매우 그렇다	그렇다	보통	아니다	전혀 아니다
1	나는 상사의 결정에 동의하지 못하는 경우도 있지만 건설적인 대안을 제시함으로써 상사와 조화를 이루고, 일을 능동적으로 처리하며, 상사를 적극적으로 돕는다.					
2	나는 옳지 않다고 생각되는 것에 대해서는 상사의 결정에 동의할 수 없으며, 이럴 때에는 상사를 적극적으로 돕기도 어렵고 그럴 마음도 없다.					
3	나는 상사의 의견과 결정에 대부분 동의하며, 문제를 일으키지 않고 지시받은 일을 처리하는 것이 나의 주된 임무라고 생각한다.					
4	나는 상사의 의견과 결정에 대부분 동의하며, 지시받은 일뿐 아니라 나 스스로 일을 찾아서 함으로써 상사를 돕는다.					

• 진단 요령

'매우 그렇다~전혀 아니다' 사이에서 가장 뚜렷한 특징을 나타낸 쪽이 본인

의 유형과 유사하다.

예) 1번 질문에는 '그렇다', 2~4번 질문에는 모두 '보통'이라면?

▶ 나는 1번 유형의 팔로워

리더십의 또다른 얼굴, 팔로워십

· 진단 결과 적용하기

1번 유형: 탤런트형 팔로워	2번 유형: 냉소형 팔로워
3번 유형: 수동형 팔로워	4번 유형: 순응형 팔로워

· 켈리의 팔로워십 유형 분석

팔로워십의 영역을 수동적이거나 적극적인 참여 정도를 수평구조로 하고, 독립적이고 비판적인 사고와 의존적이고 무비판적 사고를 수직구조로 하여 모범형, 순응형, 소외형, 수동형, 실무형으로 분류했다. 내용을 그림으로 살펴보면 아래와 같다.

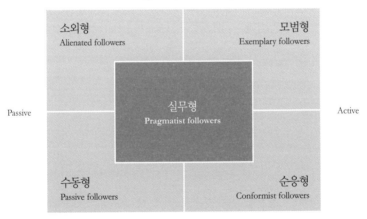

출처: The power of followership(Kelly, R. E., NewYork: Currency Doubleday. 1992)

①모범형exemplary followers[5]

전체 팔로워의 약 5~10% 정도를 차지하며, 최고의 팔로워로서 혁신적이며 건설적인 비판을 하는 특징을 나타낸다. 리더와 동료들의 눈에는 '스스로 생각하는 사람'으로 비치며, 솔선수범하고 주인의식을 가지고 있다. 동료와 리더를 도와주고, 자기가 맡은 일보다 훨씬 많은 일을 하고자 한다.

②순응형conformist followers

전체 팔로워의 약 20~30%를 차지하는 유형으로 적극적인 참여도는 높지만, 독립적인 사고 측면에서는 리더의 판단에 의존한다. 또한 리더의 권위에 순종하며 리더의 견해나 판단에 따르는 데 지나치게 열중한다. 모범형이 되기 위해서는 독립적으로 비판적인 사고를 기르고 그것을 실행하는 용기를 키울 필요가 있다.

③소외형alienated followers

전체 팔로워의 15~20%를 차지하는 유형으로 독립적이고 비판적인 사고는 하지만, 직무 수행에는 그다지 적극적이지 못하다. 유능하지만 냉소적인 소외형 팔로워는 리더의 노력을 비판하면서도 스스로는 노력하지 않고 불만을 표출한다. 모범형 팔로워가 되기 위해서는 부정적인 면을 극복하고 적극적으로 참여하는 사람이 되어야 한다.

④실무형pragmatist followers

전체 팔로워의 25~35%를 차지하는 유형으로 요구받은 일은 수행하지만 좀처럼 그 이상의 모험은 하지 않는다. 또한 실무형은 강력한 주장이나 상사와 대립은 피한다. 모범형 팔로워로 변화하기 위해서는 일단 목표를 설정하고 조직에 적극적으로 참여하며 사람들에게 자신의 부정적인 이미지를 불식할 수 있는 신뢰와 신용을 쌓아야 한다.

⑤수동형passive followers

전체 팔로워의 약 5~10%를 차지하고 있으며 그 수가 가장 적다. 수동형 팔로워는 최악의 팔로워로 생각하는 일은 리더에게 맡기고, 업무 또한 열성적으로 수행하지 않는다. 책임감이 결여되어 있고 솔선하지 않으며 지시 없이는 주어진 임무를 수행하지 못한다. 모범형 팔로워가 되기 위해서는 자신을 희생하며 모든 일에 적극적으로 참여해야 한다.

Key Point 팔로워십의 출발점

그저 그런 부하의 특성과 이별하기

받는 만큼만 일한다는 자세

▶ 헌신의 이탈

퇴근 후에 삶이 시작된다는 마음

▶ 열정의 고갈

자기 일과 남의 일을 구분하며 방어적으로 일하는 태도

▶ 자기주도성 상실

나중에 꺼낼 비장의 카드를 준비 중이라는 태도

▶ 성공 경험과 실력 부족

비판은 전문가, 실행은 초보자

▶ 조언과 대안제시능력 부족

상사와 충돌하며 불편하게 일하는 모습

▶ 소통능력 부족

리더십의 또다른 얼굴, 팔로워십

1 「팔로워십 프로그램이 간호사의 팔로워십과 조직 유효성에 미치는 효과」 p.11~12(2011. 이영숙, 박사학위 논문 경상대학교 간호학과)

2 「변혁적 리더십과 팔로워십, 업무 몰입의 관계」 p.17(2010. 이현, 고려대학교 석사학위 논문, 교육학과)

3 '나가모리 시게노부 일본전산 사장 인터뷰'기사(2009. 10. 20. 조선닷컴 위클리비즈)

4 『1%만 바꿔도 인생이 달라진다』특별판 p.270(2007. 이민규 저, 더난출판)

5 「팔로워십 프로그램이 간호사의 팔로워십과 조직 유효성에 미치는 효과」 p.14(2011. 이영숙, 박사학위 논문 경상대학교 간호학과)

탁월한 팔로워는 리더와의 조화를 통해 함께 목표를 달성하며 팔로워의 무게감을 스스로 더해 간다. 상사와 조화를 이루기 위해서는 상사를 바라보는 시각과 태도를 새롭게 해야 한다. 이것은 상사에게 아첨을 떨거나 자존심을 버리라는 말이 아니다. 상사와 보조를 맞추며 자신의 존재감을 키우고, 비중 있는 구성원으로서 일터의 핵심 인재가 되는 데 필요한 시각이다.

Followership

2장
조화

리더와 소통하는 환상적인 팔로워 되기

구슬이 서 말이라도 꿰어야 보배

가이드 러너와 선수의 깊은 신뢰(시각장애 알파인 스키)

승부를 결정하는 2초, 피트스톱 크루의 환상적인 호흡(F1)

우승을 부르는 캐디, 브래드 비처(골프)

구슬이 서 말이라도
꿰어야 보배

제아무리 능력 있는 상사와 촉망받는 부하가 만난다고 하더라도 서로 조화를 이룰 수 없다면 개인과 조직 모두에게 불행이 아닐 수 없다. 직장생활에서 가장 어려운 점이 무엇인지를 묻는 질문에 '상사와의 갈등'은 늘 빠지지 않고 등장한다. 상사 또한 '부하 직원과의 갈등', '예의 없는 부하'를 직장생활의 난점으로 꼽는다.

어떤 조직이든 상사와 부하가 원활한 소통을 통해 완벽한 조화를 이루는 곳을 찾기란 쉽지 않다. 상사와 부하는 각자의 위치와 역할이 다르기 때문에 서로 다른 생각을 할 수밖에 없다. 조화란 생각만큼 쉬운 일이 아니다. 구슬이 서 말이라도 꿰어야 보배인 것이다.

상사와 부하, 리더와 팔로워의 조화가 태생적인 어려움을 갖고 있다고 하더라도 탁월함에 도달하기 위해서는 조화를 이룰 수 있어야 한다. 탁

리더십의 또다른 얼굴, 팔로워십

월한 팔로워는 리더와의 조화를 통해 함께 목표를 달성하며 팔로워의 무게감을 스스로 더해 간다.

상사와 조화를 이루기 위해서는 상사를 바라보는 시각과 태도를 새롭게 해야 한다. 이것은 상사에게 아첨을 떨거나 자존심을 버리라는 말이 아니다. 상사와 보조를 맞추며 자신의 존재감을 키우고, 비중 있는 구성원으로서 일터의 핵심 인재가 되는데 필요한 시각이다.

"이봐, 회사에 출근하기 전에는 자존심과 배알은 전부 꺼내서 냉장고에 두고 와. 나는 없다, 나는 죽었다는 생각으로 일해야 해."

필자가 겪었던 한 임원의 철학이 담겨 있는 말이다. 그 말을 들을 때 필자는 입을 다물고 있을 수밖에 없었는데, 그 이유는 그분이 그러한 삶을 몸소 실천하고 있었기 때문이다. 그는 상사가 어떤 말을 하든지 간에 무조건 수용하면서 그 어떤 조언도 하지 않았다. 회사에서 쫓겨날까 두려워서 할 말이 있어도 입을 꾹 다물었다. 자존심은 냉장고에 넣어 두고 출근하는 비장함은 훌륭했지만, 그는 결국 '예스'만 반복하다가 회사를 떠나야만 했다. 상사의 비위만 맞추다가 존재감도 잃고 비중 있는 구성원도 되지 못했다. 일방적인 비위 맞추기나 아첨이 아닌, 조화를 이루어야 한다. 상사와 조화를 이루기 위해서는 몇 가지 기본적인 마음가짐이 필요하다.

첫째, 차이점이 아닌 공통점에 집중하자. 나이, 성격, 성장 환경, 외모, 가치관, 취미가 각각 다른 상사와 부하가 한 장소에서 일한다. 업무를 진행하다 보면 상사 때문에 곤혹스러울 때가 한두 번이 아니다. 별것도 아닌 일에 민감하게 반응하기도 하고, 심각한 사항은 오히려 대수롭지 않게 넘기기도 한다. 상사와 나는 도무지 통하는 구석이 없다.

그렇다고 차이점에만 집중한다면 결코 공통점을 찾아낼 수 없다. 어떤 관계에서도 사람과 사람 사이에는 차이점이 공통점보다 더 많을 수밖에 없다. 그러한 차이에만 집중하고 신경을 쓰다 보면 단점은 자연스레 더 크게 보일 뿐이다.

상사와의 공통점에 집중해 보자. 그들은 같은 일터에서 함께 생활하고, 같은 목표를 향해 나아가는 동료이기도 하다. 비슷한 유니폼을 입고 있으며 힘들 땐 짜증내고, 기쁠 땐 웃고, 스트레스를 받을 때면 술 한 잔하고 싶어 하는 나와 별반 다를 게 없는 한 인간이다.

공통점에 집중하면 상대방을 이해할 수 있고 이는 곧 조화를 이루는 기초가 된다. 퇴근 무렵 상사가 소주 한잔하자고 제안한다면 '뭐든지 자기중심이군. 예고도 없이 갑자기 이러면 어떻게 해? 나하고는 도통 코드가 안 맞아'라고 차이점에 집중하기보다는 '한잔하자고 하시는 걸 보니 요즘 스트레스가 많으신가 보네. 하긴 나도 힘들 때 한 잔 생각나는데, 선배라고 다르겠어?'라고 생각하는 건 어떨까.

둘째, 팔로워가 먼저 보조를 맞추자. 요즘 세대의 대표적인 특징은 자기주장이 강하고, 자신의 의견을 솔직하게 직설적으로 표현하며, 개인주의 성향이 뚜렷하다는 점이다. 한마디로 쿨cool하게 하고 싶은 말은 하면서, 공적인 일과 사적인 일을 엄밀하게 구분한다.

반면, 기성세대는 과장급 이상 정도만 돼도 요즘 세대의 이런 성향에 당황하거나 혀를 내두르는 사람들이 많다. 시간이 지날수록 세대 간의 차이는 분명해지고 점점 서로에게 맞추며 일하기가 힘들어진다.

지금 현재 일터에 있는 상사들은 신세대가 아니다. 이들도 물론 신입사원이나 초급 간부들의 특성을 이해하고 조화를 이루기 위한 노력을 해야 한다. 그리고 신세대 또한 일터의 선배, 나의 상급자, 조직의 리더인 기성세대와 조화를 이루며 하나라도 더 배우고자 노력해야 한다. 팔로워들이 먼저 보조를 맞추겠다는 마음가짐이 있어야 한다.

상사와 조화를 이루기 위해 노력하는 태도는 팔로워의 중요한 자질이다. 상사는 촌각을 다투며 일 처리를 서두르는데 정작 팔로워는 느긋하게 임한다면 조화를 이루는 데 실패한 것이다. 상사는 현장에 나가 몸으로 부딪치며 일하는데 나는 꿋꿋이 책상머리에 앉아 서류만 넘기고 있다면 이것 역시 조화를 이루는 데 실패한 것이다.

상사가 희망하는 부분과 성향을 간파하고 보조를 맞추자. 보조를 맞추며 앞으로 나아갈 수 있을 때, 팔로워의 선택권과 발언권도 강화된다. 리더와 팔로워의 스텝이 서로 엉켜 번번이 바닥에 넘어진다면 그다음에 할 수 있는 조치는 별로 없다.

셋째, 좋은 상사는 이상형일 뿐이다. 좀 더 솔직하게 말하자면 이 세상에 좋은 상사는 없다. 필자는 강의를 진행하면서 선진 기업의 사례를 종종 소개한다.

"왜 나는 저런 회사에 못 들어갔을까?"

"나도 저런 회사에 갈 수만 있다면……."

많은 사람들이 소개된 기업을 부러워하면서 자신의 처지를 아쉬워한다. 그래서 나는 강의 말미에 항상 이렇게 말하곤 한다.

"보이는 것이 전부는 아니라고 봅니다. 이 조직에도 말 못할 사연, 구성원 간의 갈등과 충돌이 왜 없겠습니까? 그것을 극복하는 리더와 팔로워가 조금 남달랐을 뿐입니다."

상사는 팔로워 하기 나름이다. 이 세상에 좋은 상사는 없다. 인간미 넘치고, 그릇도 크고, 살갑게 대하며 자신의 노하우를 모두 알려주면서, 부하를 크게 성장시킨 후 뒤에서 박수 쳐주는 상사는 어디에도 없다. 그것은 단지 이상형에 불과하며 책에서나 나올 법한 리더의 덕목일 뿐이다. 현실에는 냉철하고, 쫀쫀하고, 까칠하고, 부하와 경쟁하며, 노하우를 숨기기에 급급한 상사가 압도적으로 많다.

너무 허무한가? 현실을 인정하자. 한밤중에 잠에서 깨어 시계를 봤더니 아침이 되려면 아직 한참이나 남았다는 사실에 안도하며 다시 잠에 들었던 경험이 있을 것이다. 기대하지 않았을 때는 현실도 뜻하지 않은 선물이 될 수 있다. 마음속 좋은 상사에 대한 기대치를 낮추자. 기대하지 않고 오로지 상사와 조화를 위해 노력한다면 현실은 선물이 될 것이다.

다시 말하지만 좋은 상사는 이상형일 뿐이다.

가이드 러너와 선수의 깊은 신뢰
(시각장애 알파인 스키)

누군가와 조화를 이루기 위해서는 강한 신뢰가 필요하다. 상대방을 믿지 못하면 의심하고 점검하는 일에 대부분의 에너지를 쏟을 수밖에 없다. 리더와 팔로워 간의 조화는 신뢰의 기반 위에서 이루어진다. 물론 웬만해서는 상대방을 믿지 않는 리더도 있고, 팔로워에게 신뢰를 주지 못하는 리더도 있다. 팔로워십 측면에서는 적극적으로 리더와 신뢰 관계를 구축하고 그 위에서 일 처리와 성과를 함께 만들어 가는 팔로워의 역량을 말한다.

시각장애 알파인 스키에 대해 들어보았는가? 패럴림픽에서 알파인 스키는 장애 범위와 정도에 따라 총 3개로 분류된다. 입식standing, 좌식sitting, 시각장애blind로 나뉘는데 시각장애는 시력에 따라 다시 B1에서 B3까지 분류된다. 시각장애 알파인 스키는 2인 1조로 구성되어 경기를 진행한다. 앞에는 정상시력을 가진 가이드 러너가 이끌고 뒤에는 시각 장애를 가진 선수가 따라가는 형태이다. 이게 가능하다고? 그렇다 가능하다. 가능한 정도가 아니라 놀라운 스피드를 바탕으로 초를 다투는 치열한 경쟁이 벌어진다. 두 사람은 헬멧에 장착된 무선 헤드셋으로 연결되어 있다. 앞서가는 가이드 러너가 코스의 상황과 방향을 알려주면 뒤따르는 선수도 동일하게 코스를 통과해야 한다. 게다가 두 사람 간의 거리가 일정 수준 이상으로 멀어지면 실격 처리가 되기 때문에 신뢰와 호흡은 절대적이다.

경기의 최종 성적은 뒤따르는 선수의 기록으로 결정된다. 앞서가는 리더가 아닌 뒤따르는 팔로워가 결과를 좌우하는 경기이면서 리더와 팔로워의 깊은 신뢰가 필요한 경기가 시각장애 알파인 스키이다. 필자는 2018년 평창에서 개최된 패럴림픽에서 받은 감동을 여전히 기억하고 있다. 바로 눈앞에서 펼쳐지는 인간 승리의 장면과 그전에는 상상하지 못했던 놀라운 운동능력에 감탄이 절로 나왔다. 당시 시각장애 알파인 스키 국가대표는 양재림 선수(팔로워)와 고운소리(가이드 러너)였다. 현재는 최사라 선수(팔로워)와 김유성(가이드 러너)이 기대주로 부상하고 있다.

이제 일터를 한 번 살펴보자. 리더(상사)와 팔로워의 조화는 일이 돌아가기 위해서는 필수적인 부분이고 그 바탕에는 신뢰가 필요하다. 서로를 믿지 못하면서 원활하게 과업을 수행하는 재주를 가진 사람은 거의

리더십의 또다른 얼굴, 팔로워십

없다. 있다 하더라도 몰입하며 일을 해도 피곤한 마당에 추가로 신경 써야 할 사항은 또 얼마나 많겠는가? 부조화와 불신이 있을 때 일은 우선순위에서 밀려나고 제대로 돌아가기 어렵다. 현명한 팔로워는 상사에게 먼저 믿음을 주고 그 대가로 상사와 조화롭게 일하는 관계를 보상받는다. 상사와 신뢰를 구축하는 방법은 다양할 수 있다. 일의 처리 속도, 과정의 간결함, 결과물의 차이, 지속적인 커뮤니케이션 등 여러 방법을 통해 신뢰를 쌓아야 한다.

상사와 불협화음을 내며 일하는 팔로워는 상사에게 신뢰를 주지 못한다. 시각장애 알파인 스키에서 알 수 있듯이 리더와 팔로워가 깊은 신뢰를 형성할 수 있을 때 좋은 성적과 결과를 기대할 수 있다. 팔로워십의 핵심 역량 중 하나인 조화는 팔로워가 리더에게 먼저 믿음을 주고 신뢰 관계를 형성할 수 있는 능력을 말한다.

승부를 결정하는 2초,
피트스톱 크루의 환상적인 호흡(F1)

700킬로그램 전후의 무게, 운전석 하나, 바퀴가 밖으로 드러난 오픈 휠 형태의 자동차를 타고 하는 경기 중 가장 등급이 높은 포뮬러원F1. 평균 시속 240km, 최고속도 400km를 내며 3~7km의 서킷을 44~78바퀴 이상 돌아 약 300km를 완주하는 모터스포츠이다. F1에 출전할 수 있는 팀은 10개로 제한되고 팀당 2명 총 20명의 선수만 경기에 참여할 수 있다. 매년 전 세계를 돌며 22개 전후의 대회가 개최되고 각 경기를 그랑프리Grand prix라고 부른다. 이 분야에서 가장 유명한 인물은 우리가 익히 알고 있는 미하엘 슈마허(독일)이다. 세계 최고 수준의 레이서들이 시상대에서 샴페인을 터뜨리며 환호하는 모습을 누구나 한 번쯤은 스포츠 뉴스를 통해 보았을 것이다.

이처럼 레이서가 모든 스포트라이트를 받지만 사실은 그 뒤에서 함께

리더십의 또다른 얼굴, 팔로워십

하는 팔로워들 역시 결정적인 역할을 한다. F1 경기에서 순위를 바꿀 만큼 중요한 요소가 하나 있다. 그것은 레이싱 중 반드시 1회 이상 타이어 4개를 전부 교체해야 한다는 경기 규정과 궤를 같이한다. 피트스톱pit-stop이 그것이다. 경기 중 자동차가 타이어 교체를 위해 해당 구역에 들어오면 신속하고 안전하게 작업이 이루어져야 한다. 당연히 타이어를 교체하는 시간 또한 전체 기록에 포함된다. 정확하고 안전하고 무엇보다 빠르게 타이어를 교체하지 못하면 경기기록과 선수의 안전 모두 장담할 수 없게 된다.

피트스톱이 완벽하게 이루어지기 위해서는 피트스톱 크루pit-stop crews의 환상적인 호흡이 필요하다. 각자의 역할을 분담해서 눈 깜짝할 사이에 교체가 이루어지는데 놀랍게도 시간이 대략 2초 정도 소요된다. 그리고 여기서 0.1초에서 0.2초의 차이를 만들어 내는 팀이 우승에 가까워진다. 일차적으로는 운전을 책임지는 레이서와 크루의 호흡이 중요하고, 그다음으로는 크루 간의 호흡이 동물적인 감각으로 이루어져야 한다. 통상 바퀴 한 개를 3명의 타이어 크루tire crew가 책임진다. 바퀴가 총 4개이니 총 12명의 크루는 각각 타이어를 빼고 끼우고 너트를 풀고 조이는 역할로 나뉜다. 그밖에 차를 들어 올리고 내리는 2명의 잭맨Jackman, 교체 중 차가 안정적인 자세를 유지하도록 잡아 주는 2명의 스테빌라이저Stabilizer, 앞쪽에 위치한 윙wing의 교체에 대비한 프론트윙 어드바이저 front wing adviser 2명, 피트레인pit lane의 상황을 주시하는 크루 1명, 화재에 대비한 크루 1명 등 대략 20명으로 구성된다.

레이서와 피트스탑 크루 그리고 크루들 간의 환상적인 호흡은 승부를 결정짓는 중요한 변수가 된다. 실제로 레이서가 피트pit에 조금만 부정확하게 정차를 해도 시간이 지연될 수 있고, 정차 후 크루들 간의 호흡이 순간 어긋나서 늦게 출발하는 일도 빈번히 발생한다. 이럴 경우 선수의 부담은 증가하고 그로 인해 경기 전반에 부정적인 영향을 줄 수도 있다.

리더와 팔로워, 상사와 후배 간의 호흡은 일터 곳곳에서 항상 필요하다. 세상에서 가장 힘든 직장은 함께 일하는 사람과 불편하게 지내면서 하루하루를 버티는 곳이다. 만약 팔로워에게 상사와 조화를 이루는 능력이 부족하다면 어떤 상사와 일하든 어떤 부서에서 일하든 줄곧 조화의 문제로 고달플 것이다. F1의 피트스톱 크루처럼 팔로워는 리더 그리고 팔로워 간에 협업과 조화를 통해 일하는 역량에 투자할 필요가 있다.

리더십의 또다른 얼굴, 팔로워십

우승을 부르는 캐디
브래드 비처(골프)

사람들이 기억하는 세계적인 캐디는 누구인가? 골프를 엄청나게 좋아하거나 전공자가 아니라면 타이거 우즈, 아놀드 파머, 잭 니클라우스 같은 스타플레이어는 알아도 캐디는 잘 모를 것이다. 이처럼 팔로워는 유명해지지 않고, 드러나지 않아 대중적인 인기를 끌기 어렵다. 그러니 이제라도 동시대를 살고 있는 캐디의 이름 한 명쯤은 기억하면 좋겠다. 바로 브래드 비처Brad Beecher이다. 2007년부터 박인비의 캐디로 시작했으며, 박인비가 골프를 그만두면 본인도 캐디를 그만두겠다고 말한 사람이다. 이 말이 지켜지지 않더라도 지금까지 20년 가까이 함께 해온 것만으로도 골프계에서는 놀라운 일이다. 재미있게도 두 사람의 이름 모두에 Bee가 들어간다. 박인비와 브래드 비처를 합쳐 '인비처Inbeecher'라고 할 정도로 둘의 조화는 놀랍고 뛰어나다. 최근 미국 골프 매체

〈Golfweek〉는 이들을 LPGA 투어 역사상 가장 성공적인 선수와 캐디의 파트너십 중 한 팀이라고 평가했다.

그러나 선수와 캐디로서의 두 사람의 인연은 생각만큼 순탄하지 않았다. 사람들은 박인비 선수가 길게 뻗은 도로를 질주하듯 승승장구하며 기복 없이 수많은 우승을 이루어낸 것으로 생각할 수 있다. 그러나 우울한 시절도 꽤 길었다. 2008년 US오픈에서 우승한 이후 2012년 에비앙 마스터스에서 정상에 오를 때까지 무려 4년 동안 LPGA 우승이 없었다. 크고 작은 부상이 계속해서 발목을 잡은 것이다. 컨디션 난조로 상위권에 이름을 올릴 수 없었던 기간이 무려 4년간 계속된 것이다.

캐디는 선수 상금의 10% 정도를 받는다. 잘 나가는 선수의 캐디는 연봉이 억대를 넘어 그 이상이 되기도 한다. 그러나 그것도 선수가 좋은 성적을 내야 기대해 볼 수 있다. 4년간 선수의 성적이 나오지 않으면 캐디의 수입은 거의 기본 생활비 수준인 셈이다. 개점휴업 상태가 이어지면 가족이 아닌 이상 대부분의 선수와 캐디는 결별할 수밖에 없다. 박인비도 다른 선수와 함께 해도 좋으니 그렇게 하라고 권유했다고 한다. 이때 브래드 비처는 몸이 회복될 때까지 기다리겠다고 했고, 실제로 다른 선수의 스카우트 제의도 거절했다고 한다. 그리고 박인비는 마침내 2012년 에비앙 마스터스에서 우승하며 화려한 부활을 알린다. 그녀는 LPGA 통산 21승의 기록을 올리며 박세리 선수가 기록한 한국인 최고 기록 25승에 4승을 남겨두고 있다. 그리고 2023년에는 박인비 선수가

리더십의 또다른 얼굴, 팔로워십

출산으로 선수 활동을 쉬게 되면서 잠시 이민지 선수의 캐디로 활동하며 15개월 만에 그녀가 우승(LPGA 크로거 퀸시티 챔피언십)하는데 결정적인 기여를 하게 된다. 당시 '박인비 캐디의 조언으로 부활한 이민지'라는 제목의 기사가 스포츠면을 장식했었다.

 브래드 비처가 우승을 부르는 캐디, 의리 있는 캐디로 불리는 것도 중요하지만 무엇보다 그가 보여주는 조화능력은 탁월하다. 만약 조화에 서투르다면 수시로 선수를 옮겨 다닐 테고 골프 세계에서도 쉽게 자리를 잡지 못했을 것이다. 어려운 시기와 잘 나가는 시기를 가리지 않고 조화를 통해 선수가 최고의 실력을 발휘할 수 있도록 돕는 것은 절대 쉽지 않은 역량이자 결정이었을 것이다. 브래드 비처는 특히 선수에게 많은 말을 하기보다는 중요한 포인트를 포착해서 미리 알려주거나 마음을 편하게 해주는데 탁월하다고 한다. 박인비의 캐디로 그리고 이민지의 캐디로 그가 만들어 낸 결과가 이 모든 것을 증명한다고 본다.
 우리가 일하는 조직의 구조는 선수와 캐디의 관계와는 차이가 있다. 그러나 브래드 비처가 우리에게 던지는 메시지는 분명하다. 어떤 조직에서 일하든 우리는 팔로워로 일할 확률이 절대적으로 높을 뿐만 아니라 대부분 누군가의 캐디 역할을 수행하고 있다. 직장에서 퇴보하거나 정체성 혼란을 겪고 싶지 않다면 일에서 성취를 경험해야 한다. 그리고 성취는 불협화음이나 갈등이 아닌 조화를 통해서 만들어 낼 수 있다.

리더와 소통하며
조화를 이루는 노하우

상사가 승리하도록 힘써라

필자가 처음으로 입사한 곳은 국내에서 나름 유명한 이온 음료를 만드는 식품회사였다. 회사와 제품이 광고에 매일 등장했기 때문에 꽤 좋은 회사에 입사했구나 하는 자부심도 있었다. 나는 그곳에서 수입과 수출 업무를 배우기 시작했는데, 입사한 지 며칠 되지 않아서 내 삶의 불행 중 하나가 바로 이 회사에서 일하게 된 것이라는 확신을 갖게 되었다. 왜냐하면 나와 함께 일하게 된 상사의 성격과 스타일이 혀를 내두를 정도로 형편없었기 때문이다.

툭하면 돌출되는 신경질, 분노 그리고 괜한 트집 잡기까지 하루하루를 버티는 것조차 힘이 들었다. 많은 선배들이 그를 회사에서 가장 피곤한 상사로 인정할 정도였다. 사람들의 관심은 내가 얼마나 버틸지에 맞춰져 있었고, 누구 하나 도움을 주는 사람은 없었다.

그러나 몇 달을 그렇게 고생하면서 느낀 점은 상사가 생각처럼 나쁜 사람은 아니라는 사실이었다. 그는 내가 입사하기 전 부하 직원과 크게 다툰 적이 있었는데, 상대방이 사표를 던지고 회사를 그만두는 바람에 사내 평이 좋지 않아 나름 마음의 상처를 입은 상태였다.

나는 일 년만 버텨 보고 안 되면 그만두자는 각오로 그만둔 부하 직원과는 완전히 다른 사람이라는 것을 보여주기로 했다. 그리하여 가급적 협조하고 보조를 맞추는 일에 집중했다. 상사와 충돌하기보다는 그의 지시를 따르면서 적극적으로 돕고자 했다. 야근을 하다가도 모르는 것은 집에 싸들고 와서 공부했다. 그렇게 몇 달이 지나자 웬만한 일은 혼자서도 처리할 만큼 능수능란해졌다. 선배들이 내게 슈퍼맨이라는 별명까지 붙여줄 만큼 일에 매진했고, 상사와도 좋은 관계를 유지하기 위해 노력했다.

어느 순간, 상사의 태도는 몰라보게 달라져 있었다. 저녁식사를 같이 했고, 예상하지 못한 선물을 받았으며, 필자의 결혼을 진심으로 축하해 주었다. 회사에서는 예전과 달리 부서가 원활히 돌아가자 상사에게 그 공을 돌려 크게 칭찬하였다. 상사는 나와의 조화를 무척이나 뿌듯하게 생각했다.

만일 내가 전임자처럼 상사와 갈등하고 충돌하는 방향을 선택했다면 분명 그 상사는 회사를 그만두거나 다른 곳으로 발령이 났을 것이다. 또

나는 어떻게 됐을까? 나 역시 상사와 조화를 이루지 못하는 부하 직원, 전임자와 비슷한 직원으로 평가받았을지 모른다.

그러나 나는 상사와 조화를 이루고자 했고, 결과적으로 그가 승리하도록 도왔다. 매일매일의 신경전에서 상사가 승리하는 기분을 느끼게 해주었다. 결국 나는 그 일을 계기로 전보다 훨씬 독립적으로 일을 수행하게 됐을 뿐만 아니라, 조직에서도 뛰어난 능력자로 인정받으며 직장생활을 할 수 있었다.

상사가 승리하도록 힘쓰자. 그것이 내가 승리하는 길이자 우리 모두가 승리하는 길이다.

상사의 단점을 보완하라

상사와 조화를 이루기 위해서는 감성적인 차원의 노력뿐만 아니라 상사에게 실무적인 도움을 줄 수 있는 능력이 필요하다. 상사의 성향을 이해하고 보조를 맞추는 것 못지않게 업무적으로 도움을 주는 것이 중요하다. 특히 상사의 취약점과 단점을 보완할 때 조화와 협력은 자연스럽게 이루어진다. 부하에 대한 상사의 신뢰가 높아지는 것은 말할 필요도 없다.

필자가 군 생활을 하면서 겪었던 일이다. 새롭게 부임한 박 하사가 있었는데, 나이는 나보다 다섯 살이 어렸으며 군 생활을 한 지 몇 달밖에 되지 않은 상태였다. 분명 상급자였지만 제대로 대접하기에는 썩 내키지

리더십의 또다른 얼굴, 팔로워십

않는 그런 상황이었다. 부대원들은 그런 박 하사를 적당히 대접했다. 묻는 말에만 대답하는 정도로 소극적으로 대했다. 그렇게 한 달 정도가 흘렀다.

그러던 중 부대에 사건이 발생했다. 새로 부임한 박 하사를 선임 중사가 며칠째 쉬지 않고 벌을 주었는데, 박 하사가 그만 병원에 입원한 것이다. 한 달 이상 입원을 해야 할 정도였으니 부상이 꽤 컸던 모양이다. 선임 중사는 그 일로 징계까지 받았다. 부대 분위기는 매우 어수선할 수밖에 없었다.

분명 중사는 부대원을 제대로 통솔하지 못한 것에 대해 트집을 잡았을 것이다. 우리 때문에 발생한 일이라고 생각하니 마음이 영 찝찝하고 미안했다. 그렇게 한 달이 지나고, 드디어 박 하사가 퇴원을 했다. 목발을 짚고 있었지만 혈색은 괜찮았다. 부대원들은 너 나 할 것 없이 박 하사를 환영했고, 그날 이후로 부대 사정과 행정 업무 등을 잘 모르는 박 하사를 도왔다. 상급자에 대한 깍듯한 예우도 빼먹지 않았다. 상사와 팔로워가 조화를 이루며 내실 있는 부대생활을 해나갔다.

그렇게 일 년 남짓 시간이 지났고, 아쉽게도 박 하사는 인근 부대로 발령이 났다. 이제야 상사와 부하로서 호흡을 맞추기 시작했는데 돌연 떠나야 하는 상황이 온 것이다. 박 하사는 떠나기 하루 전날 회식자리에서 다음과 같이 말했다.

"아무것도 모르는 어리어리한 나를 무시하지 않고 도와준 부대원들, 나의 부족한 점을 보완해준 부대원들에게 다시금 고맙다고 말하고 싶다."

완벽한 상사는 없다. 누구에게나 단점이 있고 부족하기 때문에 고충을 겪을 수밖에 없다. 이때 상사의 고충을 외면하거나 부족한 점은 스스로 해결해야 한다고 나 몰라라 한다면 발전적인 관계를 기대하기 어렵다. 상사의 단점이 꼼꼼하지 못한 편이라면 팔로워가 매사에 꼼꼼히 챙기면 된다. 상담 전에 자료를 챙기고, 출장 계획, 회의 준비, 보고 내용까지 빈틈없이 준비한다면 상사는 반드시 팔로워로 인해 덕을 보게 되어 있다.

상사의 성격이 급한 편이라면 예상되는 일을 미리 마무리하거나, 상사가 궁금하게 생각할 만한 점을 앞서 준비해두면 큰 효과를 발휘한다. 급한 성격일수록 찾는 것, 묻는 것이 많고 자신의 생각대로 일이 진행되지 않는다고 판단하면 갑자기 여러 가지 일을 지시하는 경향이 있다. 이때 팔로워가 미리 진행하거나 준비해 놓으면 리더의 급한 마음은 누그러들고 팔로워에 대한 믿음은 더욱 강해질 수밖에 없다.

상사가 불같이 화를 내는 성격이라면 팔로워는 완급 조절을 하는 지혜가 필요하다. 덩달아 불처럼 반응하다가는 일을 더 크게 만들 수 있으므로 당황하지 말고 의연하고 부드러운 모습으로 대응해야 한다. 격노하는 자신 앞에서 팔로워가 차분하게 대답하고 행동한다면 상사도 느끼는 바가 있게 마련이다. 자신이 더 작게 느껴지고 창피해지는 것은 인지상정이다. 물론 일부 상사들은 차분한 부하의 모습에 더 화를 낼지도 모른다. 그런 경우라 하더라도 흔들림 없이 완급 조절을 할 수 있는 마음이 팔로위에게는 필요하다.

상사와 조화를 이루기 위해서는 상사의 단점을 방치하지 말고 적극적으로 보완할 수 있어야 한다. 상사는 완벽한 존재가 아니며 오히려 단점투성이일 수도 있다. 이때 상사가 지닌 단점으로 인해 곤란을 겪는다면 그 결과는 고스란히 나에게 돌아온다. 하지만 상사의 단점을 보완하기 위해 노력한다면 상사와의 조화는 물론, 팔로워로서 인정받을 수 있다. 이는 향후 리더가 됐을 때 커다란 자산이 되어줄 것이다.

상사를 선배로서 대접하라

'무엇이든 남에게 대접받고자 하는 대로 너희도 남을 대접하라'라는 기독교의 황금률이 있다. 내가 대접받고 싶다면 먼저 상대방을 대접하는 것이 당연하며, 내가 대접받은 만큼 상대방을 배려하는 것이야말로 인간관계를 풍성하게 하는 기본이다.

어느 곳이든 처음 입사하게 되면 자기보다 높은 직급의 상사들, 선배들뿐이다. 분위기상 주눅이 들고 위축될 수밖에 없다. 이런 경우 선배를 깍듯하게 대하거나 적어도 그런 척 해야 한다. 그러다 조금씩 일에 숙련이 되다 보면 자연스레 상사의 능력과 경험에 불만을 갖거나 의심을 품게 된다. 나아가 상사를 무시하거나 자신이 상사보다 우월하다는 티를 내고 싶어진다. 나도 알 만큼 알고, 나의 방식이 상사의 옛날 방식보다 훨씬 효과적이라는 생각을 하게 된다. 나의 역량이 커지면서 나보다 못하다고 생각되는 사람들은 안중에도 없게 된다. 그러는 사이 내 밑으로 부하가 하나 둘 늘어나고, 내가 상사를 대했던 것처럼 그들도 나를 똑같이 대하게 될 것이다.

상사를 선배로서 대접하자. 그 사람이 못났든 잘났든 선배는 역시 선배이다. 해병대는 기수 앞에서 평등하고, 동문은 졸업 연도를 기준으로 한다. 자칫 거만한 태도, 얕잡아 보는 자세, 예의 없는 행동을 하게 된다면 그것은 팔로워가 성장했기 때문이 아니라 오히려 퇴보했다는 증거이다. 업무적으로는 기술이 늘었을지 모르지만 인간성은 반대로 황폐해진 것이다. 남에게 대접받고자 하는 대로 남을 대접하지 못하는 사람은 존중받을 수 없다. 그것이 인생의 황금률이기도 하다.

상사를 선배로서 대접하는 기본적인 기술에 대해 살펴보자.

첫째, 가급적 상사의 동의를 구하라. 만일 누군가를 무시하고 싶다면 그 사람의 동의를 구하지 않고 그 사람과 연결되어 있는 일을 독자적으로 하면 된다. 주방장을 무시하고 싶다면 그의 동의 없이 재료의 공급처를 바꾸면 된다. 작가를 무시하고 싶다면 동의 없이 문장을 바꿔버리면 된다. 누군가를 화나게 하고 그 사람과의 조화가 완전히 물 건너간 상황이 되도록 하는 방법은 매우 간단하다.

물론 이렇게 일을 추진해서 벌어질 수 있는 결과에 대해서는 전적으로 본인이 책임져야 한다. 상사의 동의를 구하자. 동의를 구하지 않고 취하

리더십의 또다른 얼굴, 팔로워십

는 나의 행동이 상사를 무시하는 행동이 될 수 있음을 기억하자.

둘째, 상사의 지혜를 구하라. 아주 유능한 팔로워가 있다. 공부도 제법 잘했고, 자격증도 몇 개 보유하고 있다. 어디에 내놓아도 밀리지 않는 스펙을 가진 친구이다. 한마디만 해도 열을 아는 친구인데 일을 맡기면 꼭 한두 번은 찾아와 상사의 경험과 지혜를 구한다.

"팀장님, 고민해 봤는데 아무래도 팀장님의 경험과 현명한 판단이 필요합니다. 도와주세요."

또 한 명의 아주 유능한 팔로워가 있다. 마찬가지로 공부도 제법 잘했고, 자격증도 몇 개 있다. 어디에 내놓아도 스펙이 밀리지 않는 친구이다. 한마디만 해도 열을 아는 친구인데, 일을 맡겨 놓으면 생전 가도 상사에게 물어보는 법이 없다. 상사는 생각한다.

'그래, 너 참 잘났다. 안 물어봐도 된다 이거지? 언제까지 그럴 수 있나 보자.'

알지 못하기 때문에 상사의 지혜를 구하는 것이 아니다. 알아도 구하라. 자신으로부터 지혜를 얻기 위해 다가오는 부하를 미워할 상사가 어디에 있겠는가? 상사의 경험을 존중하고, 그의 도움을 청하는 행위는 상사를 선배로 대접하는 기본적인 기술이다.

셋째, 작은 것을 챙겨라. 감동은 작은 것에서 온다. 사람이 서로 통하는 것 역시 작은 것에서부터 시작된다.

100년이나 계속된 전란의 시대에 종지부를 찍고, 일본의 통일을 이룬

'도요토미 히데요시'가 가장 사랑했던 팔로워는 '이시다 미츠나리'였다. 그런데 두 사람이 평생의 인연을 맺은 계기는 의외로 아주 작은 것이었다. 히데요시가 매 사냥을 나갔다가 목이 말라 절에 들렀는데, 그곳에 이시다 미츠나리가 기거하며 일하고 있었다.

히데요시는 미츠나리에게 차 한 잔을 달라고 했다. 이에 미츠나리는 커다란 잔에 마시기 적당한 온도의 차를 내왔다. 한 잔을 모두 들이킨 후 히데요시가 더 달라고 말하자 이번에는 중간 크기의 잔에 따뜻한 차를 내왔다. 세 번째로 차를 요구했을 때 미츠나리는 작은 잔에 뜨거운 차를 내왔다.

세 잔의 차를 다 마신 히데요시는 의아해하며 각기 다른 잔에 다른 온도의 차를 내온 이유를 물었다. 그러자 미츠나리는 첫 번째 잔은 목이 마른 것 같아 빨리 마실 수 있도록 적당한 온도에, 두 번째 잔은 차의 향을 느낄 수 있도록 따뜻한 온도에 맞췄으며 마지막으로 세 번째 잔은 천천히 차의 향을 음미할 수 있도록 뜨거운 잔에 담아 급히 마셔 체하지 않도록 했다고 대답하였다.

감동은 작은 것에서 온다. 사람이 서로 통하는 것도 작은 계기에서 시작된다. 상사와 조화를 이루기 위해서는 크고 거창한 한 방이 아니라 작은 것에 신경 쓰고 배려하는 행동이 보다 효과적이다. 나른할 때 커피 한 잔, 목마를 때 물 한 잔, 출출할 때 초콜릿 한 조각도 알고 보면 큰 효과를 발휘한다.

리더십의 또다른 얼굴, 팔로워십

'보고 · 연락 · 상담', 호렌소로 직접 대화하라

직접 대화는 인간관계를 돈독하게 하는 데 있어 없어서는 안 될 요소이다. 이메일, 문자메시지, 게시판, 서면 보고 등은 분명 업무 효율을 높여주고 지리적, 공간적인 한계를 보완하는 데 유용한 도구임에 틀림없다. 그러나 이러한 커뮤니케이션 보조 수단에만 의존할 경우 인간관계는 무미건조해지고 사무적인 관계 이상을 기대하기 어려워진다. 그래서 많은 기업들이 현장 경영, CEO와의 대화, 선후배 간의 만남, 화합과 교류의 시간, 멘토링 제도 등 다양한 직접 대화 노력을 통해 일터의 커뮤니케이션을 강화하는 데 투자하고 있다.

리더와 팔로워는 어떤 방식으로 직접 대화를 해야 할까? 어떻게 직접 대화를 시도하고 지속시켜야 할까? 그것은 바로 보고 · 연락 · 상담이라는 공식 채널의 활용이다. 보고 · 연락 · 상담의 첫 글자를 따면 보 · 연 · 상報連相이다. 이것을 일본어 발음으로 하면 '호렌소'이고, 호렌소는 일본어로 시금치를 의미한다.

조직 운영과 성패의 갈림길에는 다양한 요소가 있지만 무엇보다 리더와 팔로워의 커뮤니케이션이 중요하다. 상사와 부하가 소통하지 못하고 서로 단절되어 있다면 조직의 미래는 불을 보듯 뻔하다. 특히 일본에서는 호렌소의 중요성을 무엇보다 강조하며 조직생활의 기본이자 고정 불변의 법칙으로 쉼 없이 교육한다.

뽀빠이에게 시금치가 지치지 않는 체력의 비밀인 것처럼, 조직의 에너

지원도 시금치(호렌소) 즉 보고·연락·상담인 것이다. 팔로워는 보고, 연락, 상담을 통해서 상사와 대화하며 조화를 이루어야 한다.

몇 해 전 모 은행 지점장급을 대상으로 '신세대와 구세대의 조화'라는 테마로 일 년 동안 강의를 진행한 적이 있었다. 여러 가지 이야기 중에 기억에 남는 것은 요즘 직원들은 보고를 하지 않는다는 의견이었다. 보고나 상담 요청을 하지 않고 임의로 일을 처리하는 바람에 곤란한 상황에 처하거나 개인적으로 화가 치밀어 오르는 경험을 여러 번 겪었다는 사람들이 꽤 많았다.

"고객이 적금을 해약하러 오면 예전에는 윗선에 보고하고 어떻게 할지를 상담했습니다. 그런데 요즘 직원들은 보고나 상담을 하지 않고 그 자리에서 해약을 해버립니다. 고객이 원하니 틀린 행동은 아닙니다만, 대출로 유도하거나 고객에게 도움을 줄 수 있는 다른 방법이 있는데도 불구하고 보고하지 않고 일을 처리하는 거죠."

예금을 중도 해약하면 영업 실적에도 영향을 미치기 때문에 다른 방법을 동원해서라도 고객과의 끈을 놓지 않으려는 시도가 필요하다. 그런데 직원들이 보고도 올리지 않은 상태에서 창구에서 바로 해약을 해버린다는 것이다. 이는 그런 부하 직원들의 태도에 대한 실망감을 내비친 것이기도 하다. 물론 직원들에게도 할 말은 있다.

"그 정도 일은 제 선에서 할 수 있지 않나요? 그리고 적금 해약도 고객이 요구하면 바로 처리하는 것이 진정한 서비스라고 생각합니다. 이 정

리더십의 또다른 얼굴, 팔로워십

도 일을 일일이 보고하고 상담 요청을 한다면 너무 의존적으로 일을 처리하는 것 아닐까요?"

맞는 말이다. 자기주도적으로 일을 처리하는 것이 팔로워십의 핵심요소라고 앞서 말한 바 있다. 그러므로 적금을 해약하고 고객의 요구에 신속히 대응하는 것은 비난받을 일이 아니다. 그런데 문제는 자기주도적으로 일하는 것 역시 상사와의 관계를 고려했을 때 가능하다는 점이다.

상사가 어떤 사안에 대해 일일이 보고하기를 희망하는 편이라면 그렇게 함과 동시에 자기주도적으로 일하면 된다. 그런데 보고하는 것이 마치 엄청난 간섭을 받거나 누군가에게 종속되어 일하는 것이라고 판단하여 보고 없이 일을 처리해버린다면 그것은 자기주도적이 아니라 독단적인 일처리로 비춰지고 만다.

"고객님이 5년 만기 적금을 6개월 남겨 놓으시고 해약하러 오셨습니다(보고). 어떻게 할까요(상담 요청)?"

"예금담보 대출로 유도해 보고, 부득이한 경우에는 해약하도록 해."

만일 같은 유형의 고객을 자주 상대해 봤거나, 상사가 "앞으로는 자네가 알아서 처리하도록 하게"라고 지시했다면 그때는 스스로 판단하여 일처리를 하면 된다. 반면 상사의 그러한 지시가 없었다 하더라도 자기주도적으로 일을 처리한 후에 "적금 해약을 희망하는 고객님께 예금담보 대출을 유도해 보았으나 어쩔 수 없이 해약을 해드렸습니다"라고 사후 보고를 해도 된다.

문제는 상사의 스타일에 맞춰 사전이든 사후든 '보고'라는 방식으로 상사와 교류하며 조화를 이루어야 한다는 것이다. 보고를 하지 않거나 보고 타이밍을 놓쳐 결과가 잘못되었을 경우에는 일의 결과도 문제지만 미리 보고하지 않은 것에 대한 상사의 실망까지 더해진다. 이는 리더와 팔로워의 부조화와 갈등의 원인이 된다. 보고를 통해 상사와 직접 대화하자. 보고하면서 상담 요청을 하고 자연스럽게 교류하도록 하자.

더불어 '연락'에 대한 중요성도 간과할 수 없다. 연락은 다수의 상사와 교류하는 방법이다. 내가 어떤 부서나 팀의 말단이라면 연락을 얼마나 잘하는지에 따라 상사들의 지지를 얻을 수 있다.

"내일 아침 회의에 서울 · 경기권 영업 담당자들은 빠짐없이 참석하도록 조치해주게."

이럴 때 연락을 받지 못하는 이가 생긴다거나, 연락을 취하는 시간대가 다르다거나, 혹 연락을 취하는 방법이 전화나 문자메시지 등 그 방법에 있어 차이가 있게 마련인데 이는 모두 '연락'이 제대로 이루어지지 않는 원인이다. 그러므로 연락을 통해 다수의 상사에게 메시지를 알리고 제대로 소통하기 위해서는 다음의 방법을 권한다.

첫째, 신속하게 연락한다. 연락은 상사의 지시를 받은 이후 최대한 빠른 시간 내에 하는 것이 좋다. 시간이 경과되면 메시지를 잊어버리거나, 누락된 정보를 전할 수 있기 때문이다.

둘째, 있는 그대로를 알린다. 전해야 할 메시지는 자기생각이나 판단을 배제하고 있는 그대로 알려야 한다. 만일 서울·경기권 영업 담당자를 서울·수도권으로 임의로 판단하여 몇몇 담당자에게 연락하지 않는다면, 다음 날 아침 회의실에서 벌어질 모든 일을 본인이 책임져야 할지도 모른다.

셋째, 보조 수단을 강구한다. 가끔 전화를 걸어 메시지를 직접 알렸음에도 불구하고 바쁘다는 핑계로 서둘러 전화를 끊는 경우가 있다. 이때 연락하는 사람은 분명히 전했다고 생각하지만, 연락을 받은 사람은 제대로 전달받지 못했다고 판단하기 때문에 종종 사고가 발생한다.

"자네가 다시 전화하지 않기에 별일 아닌 줄 알았지. 왜 다시 연락하지 않은 거야?"

이와 같은 상황이 언제든 발생할 수 있으므로 반드시 보조 수단, 이를테면 문자메시지 등을 통해 재차 알려야 한다. 쉽게 말해 이중 체크가 필요하다.

넷째, 연락 내용에 대한 확인 대답을 받아라. 전화로 연락할 경우에는 통화한 시간, 내용, 메시지에 대한 대답을 받아 즉시 메모하자. 그리고 문자를 보낼 경우에는 '회신으로 수신 여부와 확답을 해주세요'라고 보냄으로써 확인 대답을 받아야 한다.

보고, 연락, 상담은 리더와 팔로워의 중요한 소통 수단이다. 직접 대화를 통해 서로 소통하며 조화를 이룰 수 있는 공식 채널이다. 아무리 미운 상사라 하더라도 보고, 연락, 상담을 잘 활용한다면 얼마든지 내 편으로 만들 수 있다. 왜냐하면 실제로 일터에는 그렇게 하지 않는 팔로워가 생각보다 많기 때문이다.

상사를 칭찬하라

"나는 칭찬을 싫어한다. 그러니 나를 칭찬하지 마라!"

평소에 칭찬받기를 싫어했던 나폴레옹이 부하들 앞에서 선언하듯 한 말이다. 부하들 중 누구 하나 감히 그의 말을 거역할 수 없었다. 하지만 한 명의 부하가 큰 용기를 내어 말한다.

"각하, 저는 칭찬을 싫어하시는 각하의 성품을 존경합니다."

나폴레옹은 그 말을 듣고 흐뭇해했다고 한다.[6]

칭찬을 싫어하는 사람은 없다. 세상 사람들의 관심은 대부분 나 자신에게 쏠려 있기 때문이다. 상사도 마찬가지이다. 칭찬을 사탕발림 또는 아첨이라고 폄하해서는 곤란하다. 사람이라면 누구나 좋아하는 인간관계의 윤활유라고 생각하는 편이 여러모로 좋다.

상사가 부하를 칭찬하는 장면은 쉽게 떠오르지만 반대의 상황은 상대적으로 드물다. 그러나 생각보다 간단하다. 상사를 칭찬하는 팔로워는 상사와의 관계를 원활하고 부드럽게 하며, 상사로부터 도움을 받는데 유리하다. 상사를 칭찬하는 몇 가지 핵심 기술을 살펴보자.

첫째, 소유물을 칭찬한다. 소유물 칭찬은 상사에 대해 직접적으로 칭찬

리더십의 또다른 얼굴, 팔로워십

하기 부담스럽거나 상사에 대한 칭찬을 처음 해보는 초보자에게 좋다. 예를 들어 상사가 양복을 새로 맞춰 입고 출근을 했다면 "양복 새로 맞추셨나 봐요. 잘 어울리십니다." 하고 말하는 것이다. 그렇다고 "안목이 대단하십니다." "디자이너 뺨치시네요." 하면서 너무 나가지는 말자. 소유물에 대한 가벼운 칭찬은 결국 상사 본인에 대한 칭찬으로 전달된다. 이러한 방식의 칭찬은 생각보다 말하기도 쉽고, 상사에게 부담을 느끼는 팔로워도 한번 시도해 볼 만한 간단한 스킬이다.

둘째, 상사가 존경하는 인물을 칭찬한다. 내가 아는 경영자 중 타고난 아부의 달인이 있다. 어떤 면에서는 존경스러울 만큼 상대방의 비위를 잘 맞춘다. 그분이 자주 사용하는 방법 중 하나는 상대방이 존경하는 인물을 면밀히 알아본 후 제대로 맞장구를 치는 것이다.

"박정희 대통령이 평소에 탁주를 좋아했다고 하지요?"

"예, 출출하실 때면 밤에도 경호원들과 함께 경기도 고양시로 가서서 한잔하고 오셨다고 합니다."

"아니 그런 것까지 알고 있어요?"

"그 양조장에는 박 대통령 조각상도 있는걸요. 참 털털하시고 서민적인 분 아니십니까."

"그렇지요. 그런데 이 정도로 그분에게 관심이 있는 줄은 몰랐습니다. 허허."

내가 평소 좋아하는 인물에 대해 알고 있는 사람, 같은 느낌을 갖고 있는 사람에게 더 마음이 가지 않을까?

셋째, 도움을 받은 것에 대한 감사의 말을 전한다. 상사의 업무능력을 칭찬하고 싶을 때 유용한 방법이다. 상사로부터 업무적인 도움을 조금이라도 받았다면 향후 그 도움에 대해 피드백을 하자. 도움 받은 것에 대한 감사의 인사를 전하자.

앞서 상사에게 상담 요청을 하는 것이 중요하다고 했는데, 그럴 경우 상사는 내게 어떤 식으로든 조언을 하게 되어 있다. 만약 그 조언이 도움이 되었다면 그냥 지나치지 말고 상사에게 감사의 인사를 전하라. 상사의 조언이 업무 해결에 도움이 되었다는 것은 즉 상사의 업무능력이 뛰어나다는 증거가 아니고 무엇이겠는가. 상사의 업무능력을 칭찬하고 싶다면 도움 받은 것에 대한 감사의 인사를 전하면 된다.

넷째, 긍정적으로 호응하라. 보수적인 조직일수록 상사가 어떤 말을 할 때 팔로워는 대개 아무런 반응 없이 고개만 푹 숙이고 있는 경우가 많다. 상사의 잔소리가 지나친 경우나 뻔히 아는 이야기를 할 때도 그러한 행동이 나오지만, 상사의 말이 빨리 끝나기만을 바라는 팔로워의 마음은 어느 조직에서나 마찬가지인 듯싶다. 그러나 고개만 숙이고 있다고 해서 상사의 말이 일찍 끝나는 것은 아니다. 말은 점점 길어지고 했던 말을 계속해서 반복하는 악순환에 빠진다. 이유는 간단하다. 상사 입장에서는 부하가 자신의 말을 제대로 듣고 있다는 확신이 없기 때문이다. 그래서 했던 말을 또 하고, 질문하고, 되묻기를 반복한다. 이럴 때는 고개를 숙

리더십의 또다른 얼굴, 팔로워십

이거나 별 반응 없이 상사가 제풀에 지쳐서 스스로 끝내기만을 바라서는 안 된다. 별 효과도 없을 뿐만 아니라, 상사와의 대화가 점점 더 고통스러운 자리로 변질되기 때문이다.

상사가 어떤 말을 하더라도 그 대화 시간만큼은 긍정적으로 호응하라. 긍정적으로 호응하면 상사는 부하가 자신의 말을 제대로 듣고 있다는 확신을 갖게 된다. 또한 그러한 반응은 은근히 사람의 기분을 좋게 만든다. 칭찬의 효과가 나오는 셈이다.

"정말요?"

"대단하시네요."

"그건 몰랐는데, 신기합니다."

이 정도의 호응만으로도 상사는 칭찬받는 기분을 얻게 된다. 말이 더 길어질 것 같은가? 당장은 상사의 말수가 생각만큼 줄어들지 않을 수 있지만 얻은 것이 있지 않은가? 상사의 말에 긍정적으로 호응하며 관계를 돈독히 해서 나쁠 일이 무엇이겠는가?

공동의 목표를 중심에 두고 협력하라

영국 캠브리지 경영대학원에서 한 가지 실험을 했다. IQ가 높은 천재로 구성된 A팀과 평범한 사람으로 구성된 B팀에게 간단한 비즈니스 문제와 그 대응 방안을 도출하라는 문제를 낸 것이다. 각 팀은 문제에 대한 나름의 답을 토론과 실행을 통해 도출해야 했다.

문제 해결능력을 알아보기 위한 이 실험에서 놀랍게도 천재로 구성된 A팀은 B팀에 크게 뒤지는 점수를 받았다. 원인은 문제 해결이라는 공동의 목표를 망각한 채 소모적 논쟁에만 치우쳤기 때문이다. 내 생각이 옳다고 생각하는 자존심 강한 사람들끼리 구성된 A팀은 결국 비즈니스 문제에 대한 해결책을 찾지 못했다.

리더와 조화를 이루기 위해서는 공동의 목표를 중심에 두고 협력해야 한다. 팔로워가 상사와 조화를 이루어야 하는 궁극적인 이유는 바로 공동의 목표를 달성하기 위해서이다. 지금까지 소개한 상사와 조화를 이루는 방법들이 상사의 비위 맞추기로 잘못 받아들여질 수도 있다. 그러나 큰 틀에서 생각해 보자. 왜 그렇게 해야 하는 것일까? 상사와 내가 함께 목표를 달성할 때 두 사람 모두 성장할 수 있기 때문이다.

그러므로 공동의 목표를 달성하기 위해서는 상사를 선배의 차원에서 대접하고, 양보하고, 먼저 다가설 수 있어야 한다. 반대로 공동의 목표를 달성하는 데 전혀 도움이 되지 않는 지시나 업무 진행이라면 과감하게 반대하고 조언할 수 있어야 한다. 무조건 "네, 네." 하면서 한없이 자신을 낮추어서도 안 되고, 고개를 뻣뻣하게 세우고 상사를 내려 봐서도 안 된다. 철저하게 공동의 목표를 중심에 두고 협력해야 한다. 유연하게 때로는 보조를 맞추고, 때로는 상사에게 조언을 하는 것이 팔로워의 조화 능력이다.

리더십의 또다른 얼굴, 팔로워십

실제로 일터에서 충돌하는 상사와 팔로워를 보면 감정적인 싸움으로 인해 서로 상처 받고, 오해의 골이 깊어진 경우가 종종 있다. 처음에는 단순히 업무를 처리하는 방식이나 마감일 등 사소한 것에서 시작된 작은 의견 불일치가 큰 불협화음으로 이어진다. 이럴 때는 과연 내 행동의 중심에 공동의 목표가 있는지, 개인적인 차원의 감정이나 만족을 우선으로 추구한 것은 아닌지 따져 봐야 한다. 만약 그 결과가 공동의 목표를 달성하는 데 도움이 되지 않는다면 소모적인 논쟁이나 감정 따위는 버리고 상사와 협력하는 방향으로 전환해야 한다.

다시 말하지만 상사와 조화를 이루어야 하는 궁극적인 이유는 공동의 목표를 달성하기 위해서이다. 그러므로 공동의 목표를 중심에 두고 협력하자. 이것이 팔로워가 상사와 조화를 이루어야 하는 이유이자 기준점이 되어야만 하는 근거이다.

Key Point

리더와 소통하며
조화를 이루는 노하우

상사가 승리하도록 힘써라

▶ 상사와 조화를 이루며 상사가 승리할 수 있도록 돕는 것이 결국 내가 승리하는 길이다.

상사의 단점을 보완하라

▶ 상사와 조화를 이루기 위해서는 상사의 단점을 방치하지 말고 적극적으로 보완할 수 있어야 한다. 상사의 단점을 보완하기 위해 노력한다면 상사와의 조화는 물론, 팔로워로서 인정받을 수 있으며 이는 향후 리더가 됐을 때 커다란 자산이 될 것이다.

상사를 선배로서 대접하라

▶ 내가 대접받고 싶다면 먼저 상대방을 대접하는 것이 당연하다. 남에게 대접받고자 하는 대로 남을 대접하지 못하는 사람은 존중받을 수 없다. 그것이 인생의 황금률이다. 잘났거나 못났거나 상사는 역시 상사이다.

상사를 선배로서 대접하는 기본적인 기술
첫째, 가급적 상사의 동의를 구한다.
둘째, 상사의 지혜를 구한다.
셋째, 작은 것을 챙긴다.

'보고 · 연락 · 상담' 호렌소로 직접 대화하라

▶ 직접 대화는 인간관계를 돈독하게 해주는 데 있어 없어서는 안 될 요소이다. 리더와 팔로워는 보고, 연락, 상담이라는 공식 채널을 활용해 직접 대화하는 것이 필요하다.

연락의 기술

첫째, 신속하게 연락한다.
둘째, 있는 그대로를 알린다.
셋째, 보조 수단을 강구한다.
넷째, 연락 내용에 대한 확인 대답을 받는다.

상사를 칭찬하라

▶ 칭찬을 싫어하는 사람은 없다. 세상 사람들의 관심은 대부분 나 자신에게 쏠려 있기 때문이다. 상사도 마찬가지이다. 칭찬을 사탕발림 또는 아첨이라고 폄하해서는 곤란하다. 사람이라면 누구나 좋아하는 인간관계의 윤활유라고 생각하는 편이 여러모로 좋다.

상사를 칭찬하는 핵심 기술

첫째, 소유물을 칭찬한다.
둘째, 상사가 존경하는 인물을 칭찬한다.
셋째, 도움 받은 것에 대한 감사의 말을 전한다.
넷째, 긍정적으로 호응한다.

공동의 목표를 중심에 두고 협력하라

▶ 리더와 조화를 이루기 위해서는 공동의 목표를 중심에 두고 협력해야 한다. 팔로워가 상사와 조화를 이루어야 하는 궁극적인 이유는 바로 공동의 목표를 달성하기 위해서이다.

6 『끌리는 사람의 백만불짜리 매력』 p.181(2008. 브라이언 트레이시, 한국경제신문사)

참신한 아이디어를 제시하고, 일을 찾아다니는 열정맨은 모난 돌이 아니다. 그런데 사람들은 번뜩이는 생각과 적극적인 태도로 일하는 사람을 모난 돌이라고 여기는 경향이 있다. 그리하여 조직에서는 있는 듯 없는 듯 적당히 맞춰가며 소극적으로 일하는 것이 가장 유리하다고 믿는다. 이런 생각과 행동은 지금 자신이 취하고 있는 소극적인 행동과 구태의연한 태도를 만들어낸 원인과 결과에 대한 합리화에 불과하다. 모난 돌이라는 잘못된 해석으로 당신의 도전정신을 스스로 꺾지 않기를 바란다. 도전적으로 일하는 팔로워는 조직에서 없어서는 안 될 보석 같은 존재이다.

3장
자기주도성과 열정

일의 노예가 아닌 일의 주인 되기

로완 중위와 쿠바의 독립

환자를 치료하는 청소부의 마음가짐

고어Gore사의 힘 '팔로워십'

정원 박람회와 순천시 공무원의 팔로워십

로완 중위와
쿠바의 독립

엘버트 허버드의 『가르시아 장군에게 보내는 편지』에 묘사된 로완 중위는 일의 주인이 되어 일하는 팔로워의 전형이다.

1898년 스페인과 미국 사이에 전쟁이 일어나자 미국 정부는 쿠바의 반군 지도자 가르시아 장군에게 화급하게 비밀문서를 보낼 필요가 있었다. 이 무렵 스페인으로부터의 독립을 위해 분투하던 지도자 가르시아 장군은 쿠바의 어느 외딴 곳에 머물고 있었는데 정확한 위치를 아는 사람은 아무도 없었다. 그곳은 전보가 닿을 수 없는 곳이었기 때문이다.

미국의 매킨리 대통령은 쿠바 어딘가에 있을 가르시아 장군의 협력을 반드시 보장받아야 하는 처지였다. 매킨리 대통령이 큰 고민에 빠져 있을 때 누군가 이렇게 말했다.

"로완 중위라면 틀림없이 각하를 위해 가르시아 장군을 찾아낼 수 있

리더십의 또다른 얼굴, 팔로워십

을 것입니다.”

그리하여 미 육군에 복무 중이었던 앤드루 서머즈 로완Andrew Summers Rowan 중위는 가르시아 장군에게 전할 편지를 가슴에 품고 쿠바로 떠난다. 그는 임무 수행을 위해 떠난 지 나흘째 되는 날 한밤중에 보트를 타고 쿠바 해안에 상륙했다. 그 후, 적군이 들끓는 내륙을 도보로 가로질러 정글 속으로 사라졌다가, 가르시아 장군에게 무사히 편지를 전한 후 3주 만에 쿠바의 섬 반대편으로 빠져나오는 데 성공한다.

그는 불가능에 가까운 일을 훌륭하게 수행해냈다. 그의 능력이 빛을 발하는 순간은 매킨리 대통령이 가르시아 장군에게 보낼 비밀문서를 주었을 때이다. 로완 중위는 편지를 받으면서‘그가 어디에 있습니까?’라고 묻지 않았다. 대통령 앞이라 크게 긴장한 나머지 말문이 막혀버렸기 때문이 아니다. 로완은 자신이 어떻게 해야만 성공적으로 임무를 수행할 수 있는지에 대해 철저히 고민한 후 자기주도적으로 계획을 세웠으며 즉시 행동으로 옮겼다.

가르시아 장군이 어디에 있는지 아는 사람은 아무도 없었기에 쓸모없는 질문의 남발은 큰 도움이 되지 않았다. 오로지 자신이 수행해야 할 임무에 집중하며 그 일을 자기주도적으로 수행한 것이다.

앤드루 로완 중위는 미 육군사에 기념비적인 업적을 세운 인물로 평가된다. 사령관이나 원수 자리까지 오른 수많은 장군들의 이름을 뒤로하고 이러한 평가를 받는 이유는 로완 중위가 보여준 훌륭한 팔로워십 덕분이다. 대통령의 명령을 단순히 수행하는 부하가 아니라 스스로 일을 주도하고 능동적으로 처리함으로써 성공하는 진정한 팔로워십을 보여주었기 때문이다.

　우리의 일터로 한번 돌아가 보자.
　"우리나라의 자동차 판매량 변화에 대한 보고하세요."
　상사로부터 이런 지시를 받았다면,
　"예, 알겠습니다. 바로 해보겠습니다."
　라고 말하며 곧바로 보고서를 작성하는 사람이 몇이나 될까? 상사의 의도가 무엇인지, 보고서의 범위는 어디까지인지 아마 숱한 질문을 하게 될 것이다.
　"우리나라 전국을 말씀하시는 겁니까?"
　"몇 년도부터의 통계가 필요하신 겁니까?"
　"승용차, 승합차, 트럭, 버스 중 어떤 차종을 말씀하시는 거죠?"
　"필요한 자료는 어디에 있습니까?"
　"지금은 바쁜데 언제까지 해야 하는 거죠?"
　"김 대리에게 부탁하시면 안 될까요?"
　어째서 자신이 보고서를 작성해야 하는지 불만을 가질 수도 있다. 정보를 쉽게 찾을 수 있는 방법을 묻거나 보고서 작성을 하지 않아도 되는 이유를 대는 데 시간을 낭비할 수도 있다. 상황을 정확하게 파악하고 업무를 제대로 처리하기 위해서 질문을 하는 것이 아니라 일에서 빨리 벗어나기 위한 질문을 더 많이 하는 것이 실제 일터의 모습이다.

매사에 일처리를 자기주도적으로 해야 하는 이유는 일터에서 누군가로부터 인정받기 위해서가 아니다. 이러한 태도와 습관이 올바르게 길러졌을 때, 사람들은 아무리 큰 역할을 부여받아도 흔들림 없이 수행하게 된다. 우리 앞에 놓여 있는 인생의 다양한 숙제를 자기주도적으로 풀어 나갈 능력이 없다면 자신의 삶을 성공적으로 이끌어갈 수 없다.

누군가는 이런 로완 중위의 행동이 무모하다고 할지도 모른다. 그러나 우리가 집중해야 할 부분은 로완 중위가 보여준 용기와 팔로워십, 이 두 가지이다.

환자를 치료하는
청소부의 마음가짐

마틴 셀리그만의 『긍정심리학』에는 일을 대하는 마음 자세가 얼마나 중요한지 말해주는 아주 인상적인 사례가 있다.

마틴의 친구 밥Bob은 역사 교사로 활동하다 퇴임했다. 밥은 운동을 매우 좋아했다. 테니스광이기도 했고, 1년 동안 달리기로 세계 일주를 할 만큼 엄청난 체력과 의지의 소유자였다.

어느 해 8월이었다. 8월은 밥이 일 년 중 가장 좋아하는 계절이었지만, 아침 일찍 길을 나선 밥은 그만 트럭에 치어 혼수상태에 빠진다. 연락을 받고 급히 친구를 찾아간 마틴 셀리그만은 산소호흡기를 한 채 병원에 누워 있는 밥을 본다. 혼수상태는 사흘 동안 계속되었다.

"환자의 산소호흡기를 떼는 데 선생님께서 동의해주셨으면 합니다."

밥의 담당 의사가 차갑게 말을 건넸다.

"선생님께서 환자의 가장 절친한 친구이기에 드리는 부탁입니다. 현재로서는 친지에게 연락할 길이 없거든요."

담당 의사가 그 무시무시한 말을 입 밖에 내고 있을 때, 마틴은 하얀 가운을 입은 우람한 사내를 곁눈질하고 있었다. 그는 환자용 변기를 치운 다음, 혹 다른 사람들의 신경에 거슬리기라도 할까 조심하며 약간 비딱하게 걸려 있는 액자를 바로잡기 시작했다. 그는 하얀 설경이 그려진 그림을 꼼꼼히 살피더니 액자를 바로 세워 놓고는 몇 발짝 뒤로 물러나 그림을 다시 보았다. 어딘가 못마땅한 기색이었다.

마틴은 그제도 사내가 똑같은 일을 하는 것을 보았다. 말없이 누워만 있는 친구 밥을 지켜보던 마틴은 잠시나마 눈요기가 되어준 그 희한한 청소부에게 고마움을 느꼈다.

"잘 생각해 보십시오."

멍해 있는 마틴에게 마지막 말을 던지고 담당 의사는 자리를 떴다.

마틴은 의자에 주저앉아 청소부를 바라보았다. 그는 설경이 그려진 그림 대신 그 자리에 달력을 걸었다. 달력을 찬찬히 살피더니 이번에도 내키지 않았는지 그것을 다시 커다란 종이봉투에 집어넣었다. 그가 달력대신 꺼낸 건 모네의 수련 그림이었다. 그는 그림을 액자가 걸려 있던 자리에 걸었다. 그러더니 이번에는 바다 풍경화 두 점을 꺼내 밥의 침대 맞은편 벽에 거는 것이 아닌가. 침대 오른쪽 벽 아래에는 샌프란시스코의 흑백 사진을, 그 위에는 화사한 장미를 찍은 컬러 사진을 걸었다.

"무엇을 하시는 분인지 여쭤 봐도 되겠습니까?"

마틴은 조심스레 물었다.

"제 직업이요? 저는 이층을 담당하고 있는 청소부입니다. 매주 새로운 그림과 사진들을 가져오지요. 저는 이층에 있는 모든 환자들의 건강을 책임지고 있는 사람이니까요. 선생님 친구 분은 병원에 온 뒤로 깨어나지 못하고 있지만, 의식이 돌아오는 순간 이 아름다운 그림들을 볼 수 있을 거라 믿습니다."

그 청소부는 자신의 직업을 환자용 변기를 비우고 바닥을 쓸고 닦는 일로만 한정하지 않았다. 환자의 건강을 지키고 병마와 다투고 있는 시간을 아름답게 채워줄 그림들을 가져오는 것 또한 자신의 몫이라고 믿었다. 다른 사람들의 눈엔 보잘것없는 청소부였을지 모르지만 그는 스스로 일의 주인이 되어 자신의 직업을 숭고한 천직으로 바꾸어 놓았다.

고어Gore사의 힘 '팔로워십'

고어Gore사는 섬유, 의료, 자동차, 화학, 전자, 산업재 등 약 1천여 종의 제품을 보유하고 있으며, 포춘Fortune이 선정한 가장 일하기 좋은 기업에 매년 선정될 만큼 지속적인 주목을 받고 있다. 특히 창업 이래 지금까지 한 번도 적자를 낸 적이 없는 탄탄한 기반과 수십 년 동안 반복되어 온 다양한 위기 속에서도 흔들리지 않는 강건한 능력을 보유하고 있는 기업이다.

전직 CEO였던 테리 켈리Terri Kelly는 한 인터뷰에서 고어사는 최근 50년 동안 위기에 빠져 본 적이 없다고 말했다. 물론 다양한 요소가 효과적으로 결합되어 뛰어난 성과를 이끌어온 것임에는 틀림없다. 그러나 필자는 그 이유를 일의 주인이 되어 일하는 고어사의 독특한 조직문화와 구성원들의 팔로워십에서 그 원인을 찾고 싶다.

고어사는 1958년 설립되었다. 테프론Teflon이라는 브랜드로 잘 알려진 듀퐁에서 화학 엔지니어로 일하던 빌 고어Bill Gore는 합성수지를 응용하는 연구를 하고 있었다. 그는 이를 절연체로 활용하여 케이블을 만드는데 관심이 있었지만 듀퐁에서는 그의 생각을 받아들이지 않았다. 승진을 앞두고 있던 그는 17년간 몸담았던 듀퐁을 떠나 자신의 집 지하실에 공장을 차리고 고어사를 창업하기에 이른다. 이후 1969년 빌 고어의 장남인 밥 고어Bob Gore가 오늘날의 고어텍스를 개발하면서 다양한 산업 분야로 진출하게 되었고, 고어사의 사업 영역 역시 대폭 확장된다.

창업자인 빌 고어는 구성원들이 계급이나 위계질서에 구속받지 않고 자신의 능력을 최대한 발휘하며 자율적으로 일할 수 있는 조직을 희망했다. 그래서 고어사에는 네 가지가 없다. 첫째, 보스가 없다. 일을 명령하고 감독할 보스가 없으니 업무 추진이나 성과를 효과적으로 내기 어렵다고 생각할 수도 있지만 결과는 정반대이다. 보스가 없는 대신 그들에게는 스폰서가 존재한다. 경험이 많은 사람이 부족한 사람의 스폰서가 되어 조직활동의 많은 부분을 조언해주고 상대방은 이를 받아들인다. 많은 사람들로부터 신임을 받는 스폰서는 자연스럽게 리더로 불리게 된다.

스스로 일의 주인이 되어 일하는 사람들이 모여 있기 때문에 일일이 간섭하고 통제하지 않아도 조직 내에서 자연스럽게 역량을 키워나가며 성장한다.

둘째, 직책이 없다. 대부분의 기업과 달리 재무, 인사, 구매 등 특정한 직책이 정해져 있지 않다. 한마디로 스스로 정해야 한다. 일의 주인이 되어 다양한 업무를 경험해 보고 자신이 생각하기에 가장 적합한 업무를 선택하면 된다. 선택한 업무를 계속해서 할 필요는 없다. 도전해 보고 싶은 분야가 생기면 언제든 새로운 경험을 할 수 있다. 전문성이 결여될 수 있다는 우려도 있지만, 제한적이고 소극적인 태도와 같은 매너리즘에서 벗어날 수 있는 훌륭한 대안으로 오랫동안 사랑받고 있다.

만약 일의 노예가 되어 일하는 팔로워들이라면 고어사의 이러한 업무 진행 방식은 여간 불편한 일이 아닐 것이다. 내가 할 일은 여기까지라고 정해놓고 복지부동으로 일관하려는 사람들이 스스로 일을 찾아다녀야 하니 말이다. 반면 앞서 소개한 김가성 씨라면 물 만난 고기처럼 일을 즐길 수 있을 것이다.

셋째, 큰 조직이 없다. 고어사는 공장이든 조직이든 200명에서 250명 정도의 규모가 되면 둘로 쪼개어 나눈다. 이러한 관행은 창업자 빌 고어의 철학에서 출발했다. 그는 조직의 규모가 200명이 넘어서면 구성원들이 서로의 이름과 얼굴도 잘 모르는 상태가 되고, 유대감 없이 일하게 된다고 판단했다. 조직의 규모를 작게 하면 구성원 간의 유대와 책임감이 강화되고, 주인 의식을 발휘하는 데 훨씬 적합하다고 여겼던 것이다. 일의 주인이 되어 스스로 일하는 분위기를 만들기 위해 개인뿐 아니라 조직 차원에서도 노력해왔음을 알 수 있다.

넷째, 명령이 없다. '보스가 없다'라는 첫 번째 특성의 연장선으로써 고어사에는 명령을 내리는 보스가 없다. 단지 많은 사람들의 지지를 받는 '리더'가 있는데, 리더는 팔로워들이 따르고 싶은 사람으로 선정한 이에게 주어지는 영예로운 명칭이다. 전체 조직의 구성원 중 10% 정도가 리더로 불리고 있는데, 현직 CEO인 브렛 스나이더 역시 구성원들이 뽑은 따르고 싶은 리더로서 오늘날 그 자리에 오르게 되었다. 리더는 팔로워들에게 지시와 명령을 내리기 위해 존재하는 사람이 아니다. 그들은 일의 주인이 되어 스스로 일할 수 있는 환경을 제공하는 서비스 제공자, 환경 조성자의 역할을 수행한다.

일의 노예가 아닌 일의 주인이 되어 일하는 조직은 막강하다. 스스로를 리더라 칭하며 우쭐대는 보스가 아니라 팔로워십을 바탕으로 스스로 일하는 팔로워가 우리에게는 절실하다. 이 팔로워십이야말로 오랫동안 '고어사'가 견고함을 잃지 않는 여러 가지 비결 중 가장 주목할 만한 원동력이다.

정원 박람회와
순천시 공무원의 팔로워십

2010년 여름이었다. 다섯 시간을 달려 도착한 곳은 바로 전라남도 순천시청. 팔로워십 강의를 위해 찾은 곳이었다. 일주일 동안 순천 시내에 있는 숙소에 머물면서 하루에 7시간씩 총 500여 명의 직원들과 호흡해야 하는 만만치 않은 일정이었다. 필자의 이런 우려와는 다르게 교육생들의 표정은 사뭇 진지했다. 하루 종일 진행되는 강의에도 불구하고 흐트러짐 없이 집중하는 모습에 고마움을 느꼈다.

첫날 강의가 끝날 무렵에는 순천 시장께서 직접 강의실까지 찾아와 인근 식당에서 필자와 함께 조촐한 저녁식사를 했다. 솔직히 시청 소속 공무원들을 대상으로 강의하러 온 자리에 시장이 직접 나오리라고는 생각하지 못했다. 격의 없이 편하게 대해주는 마음도 고마웠지만 무엇보다 팔로워십에 대한 기대와 열의가 대단했다. 나는 팔로워십 강의를 강력하게 추진하게 된 이유를 물었다.

"시장 혼자 이래라저래라 하면서 시정을 하는 시대는 지났다고 봅니다. 투수가 제아무리 공을 잘 던지면 뭐하겠습니까? 받아줄 포수가 시원치않으면 경기를 제대로 치를 수 없습니다. 그래서 저는 팔로워십이야말로 조직과 지역 발전을 위해 필요한 핵심 요소라고 생각했습니다."

실제 일터에서 수행되는 대다수의 업무들은 팔로워의 능력과 도움 없이는 완성될 수 없다. 하지만 리더십 교육은 넘쳐나고 있고 팔로워십 교육은 턱없이 부족한 것이 현실이다. 나는 수년 전부터 팔로워십 교육의 필요성을 절감하여 커리큘럼을 만들고, 동영상 강좌를 촬영하며 줄곧 열정을 쏟고 있던 터였다. 그러던 중 팔로워십의 중요성을 공감하는 이를 만난 것이다. 가뭄에 단비를 맞은 느낌이었다.

강의 일정을 모두 마치고 필자는 머리를 식힐 겸 순천시의 자랑 순천만에 잠시 들렀다. 넓게 펼쳐진 갈대밭에 눈이 탁 트이고 마음은 청량해지는 기분이었다. 한국 어디에서도 그런 풍경을 본 적이 없었다. 갯벌 위를 돌아다니는 망둥이와 게들을 보면서 길게 조성된 나무 산책로를 걸어가는데, 공장의 굴뚝 하나 찾아볼 수 없는 주변 환경은 순천시청 공무원들의 보이지 않는 노력을 실감하게 했다.

그들은 철새 보호를 위해 228개의 전봇대를 뽑아내고 순천만으로 흘러들어가는 동천을 오염 없는 생태 하천으로 바꾸었다. 그리하여 2006년에는 람사르협약 보호 습지로 지정되었다. 해마다 300만 명 이상이 찾아오는 90만 평의 땅은 살아 숨 쉬고 있었다.

2000년대 초반까지만 해도 크게 주목받지 못했지만, 현재는 녹색성장의 대표적인 성공 사례로 자리매김했으며 지역 발전을 넘어 국가 이미지를 격상시키는 데에도 한몫하고 있다. 필자는 이곳 순천시야말로 앞으로 잘될 일만 남았구나 하는 생각이 들었다. 마음속으로 응원을 보내지 않을 수 없었다. 그렇게 강의를 마치고 얼마 지나지 않아 기다리던 좋은 소식을 듣게 되었다. 순천시가 유엔환경계획UNEP이 선정하는 '2010 리브컴 어워즈'에서 은상을 수상한 것이다. 이 상은 생태·환경 분야에서 월등한 경쟁력을 갖춘 세계 주요 도시에 주는 상으로 순천시는 미국 마이애미 비치가 금상을 수상한 데 이어 은상을 거머쥐며 도시 경쟁력을 더욱 끌어올렸다.

남쪽의 조용한 도시 순천이 역동하는 도시, 도약하는 도시로 거듭난 데에는 시청 공무원들의 팔로워십이 있었기에 가능했다.

순천시청에는 주말이 없다. 칼퇴근이 공무원의 특권이라는 말을 꺼냈다가는 따가운 눈총을 감수해야만 한다. 시장은 주말이면 자전거를 타고 지역 구석구석을 돌아다니며 작은 부분까지 몸소 챙긴다. 잘못 놓인 맨홀 뚜껑에서부터 도로가 파인 곳은 없는지, 신호등이 더 필요하지는 않은지 살핀다.

얼마 전, 순천시청에 앙코르 특강을 갔다가 모 국장을 만나 다과를 나

누던 중 들은 이야기다.

"윗사람이 솔선하며 꼼꼼하게 챙기면 아랫사람들도 부지런해질 수밖에 없습니다. 몸이 좀 힘든 것은 있습니다만, 순천시가 계속 발전하는 덕분에 다들 신이 나서 일합니다. 리더와 팔로워가 모두 일의 주인이 돼서 일한다면 지역은 발전하게 되어 있습니다."

순천을 세계에서 살기 좋은 도시로 만든 원동력은 바로 팔로워십이다. 리더를 도와 자기주도적으로 일하는 팔로워들이 모여 있는 곳 순천. 그리고 그들이 만들어낸 작품 중 하나인 순천만의 탁 트인 갈대밭의 자연미를 마음과 눈으로 느껴 보길 권하고 싶다.

자기주도적으로
일하기 위해 필요한 요소

의미 있는 목표

자기주도적으로 일하기 위해서는 의미 있는 목표가 반드시 있어야 한다. 의미 있는 목표를 갖고 그 목표를 추구하는 사람은 그렇지 못한 사람에 비해 훨씬 자기주도적으로 일할 수 있다. 자신의 목표를 추구한다는 것은 마지못해 일하는 것이 아니라, 자신의 꿈과 목표를 위해 능동적으로 일하는 모습을 의미한다.

6개월 이내에 8킬로그램 감량하기, 일 년 후에 자격증 취득하기, 내년까지 팀 내 최고 평가받기 등 심사숙고를 통해 자신에게 가장 의미 있는 목표를 설정하는 작업이 선행되어야 한다. 이후에는 그 목표를 추구하며 목적의식이 있는 생활을 지켜나가는 노력이 필요하다. 목표를 갖게 되면 그 목표를 위한 힘든 여정을 견딜 수 있는 에너지가 생성된다. 또 목표를 이루었을 때에는 무엇인가를 해냈다는 커다란 성취감이 찾아온다.

필자가 사는 동네에는 맛이 일품인 감자탕집이 하나 있다. 차로 20분은 가야 하는 거리인데도 종종 찾게 된다. 형제들이 모두 감자탕집을 할 정도로 꽤나 유명한 맛집이 된 이 음식점 사장의 성공 과정은 목표가 어떻게 자기주도적으로 일하게 해주는지를 잘 보여준다.

스물한 살 때 무작정 서울로 올라온 그는 식당 주방에서 허드렛일을 하며 돈벌이를 시작했다. 험하고 고된 주방 일을 하면서도 마음속에는 목표가 있었다. 그는 자신이 직접 운영하는 음식점을 갖는 것이 꿈이었다. 노력 끝에 중식 요리사 자격증을 따게 되었고, 다른 요리에 대한 배움 또한 게을리하지 않았다. 그러던 어느 날, 서울 종로구에 감자탕을 기가 막히게 하는 맛집이 있다는 소문을 듣고 그곳을 방문하게 된다. 소문만큼이나 맛이 일품이었다. 자그마한 식당 규모에도 불구하고 사람들이 줄을 서가며 먹는 데에는 이유가 있었다.

그는 당장 주인을 만나야겠다고 생각했다. 식당 주인은 60대 할아버지였다. 그는 다짜고짜 맛의 비법이 무엇이냐고 물었고, 주인은 조상 대대로 이어져온 맛이라는 알 수 없는 대답만 했다. 그날 이후로 매일 출근하다시피 하며 눈도장을 찍었지만 좀처럼 비법을 알아내기 어려웠다.

그러던 어느 날, 노인이 그에게 가게를 인수하면 비법을 알려주겠다는 제안을 해왔다. 두려움은 있었지만 목표가 뚜렷했기에 거절할 이유가 없었다. 드디어 비법 전수에 돌입하려는 찰나, 뜻하지 않은 일이 벌어지고

리더십의 또다른 얼굴, 팔로워십

말았다. 돼지 뼈와 감자 재료 고르는 법만 알려주고는 노인이 그만 세상을 떠나고 만 것이다.

이후 손님들의 발길은 뚝 끊겼다. 사람들의 입맛은 정확했다. 예전과 같은 맛이 나오지 않으니 쉽게 다른 집으로 옮겨갔다. 노인은 떠났고, 전수받은 비법이라고는 재료를 어디서 구해오는지 정도였다. 하지만 이대로 물러설 수는 없었다. 무수히 맛보았던 감자탕의 진미를 떠올리며 노인이 이야기했던 여러 가지 정황을 바탕으로 실험에 들어갔다. 6개월간 감자탕을 만들고, 맛보고, 버리기를 반복했다. 그렇게 얼마의 시간이 흐른 후, 드디어 '바로 이 맛이다!'라는 느낌이 왔다. 주변 사람들에게 시식을 해보이며 맛을 검증받았다. 모두들 노인이 만든 것과 같은 맛이라며 극찬해 마지않았다. 사람들은 다시 가게 앞에 길게 줄을 섰다.

자기주도적으로 일하는 사람들은 의미 있는 목표를 가지고 있다. 의미 있는 목표는 자기주도적으로 일하는 데 필요한 커다란 원동력이 된다. 탁월한 팔로워로 도약하기 위해서는 목표 없이 방황하거나 헤매서는 안 된다. 내 삶을 위한 의미 있는 목표를 설정하자. 목표를 통해 일의 노예가 아닌 일의 주인이 되어 일하자! 목표가 그대를 자유롭게 할 것이다.

"당신이 정말로 행복한 사람을 관찰하면 그 사람은 배를 만들거나, 교향곡을 작곡하거나, 아들을 교육시키거나, 정원에서 겹다알리아를 기르거나, 고비사막에서 공룡 알을 찾고 있을 것이다."

_베란 울프(오스트리아 태생. 정신과 의사)

일에 대한 자긍심

환자를 치료하는 병원 청소부의 마음가짐을 돌아보자. 자신이 하는 일에 의미를 부여하는 사람은 자기주도적으로 일할 수 있다. 일에 대한 자긍심은 한 사람을 일의 노예에서 일의 주인으로 탈바꿈시킨다. 자연스럽게 일터의 만족도가 높아지고, 자신의 일에 좀 더 집중할 수 있게 도와준다. 결과적으로 개인과 조직 모두에게 긍정적인 결과를 선물할 확률이 높다.

칩 히스와 댄 히스의 『스위치』에서 간호사들의 높은 이직률을 극적으로 변화시킨 신선한 사례를 살펴보자. 뉴멕시코주 앨버커키에 있는 러브레이스 병원 시스템즈Lovelace Hospital Systems는 간호사들의 높은 이직률을 걱정하고 있었다. 간호사들이 그만두면 새로운 인력을 충원해야 하는 만큼 비용 부담도 컸을 뿐만 아니라, 전체적인 사기가 저하되면서 환자들의 치료에도 문제가 발생하기 때문이다.

이곳의 부사장인 캐슬린 데이비스Kathleen Davis와 컨설턴트인 수잔 우드Susan Wood는 이직률 문제를 해결하기 위해 연구를 시작했다. 그들은 간호사들이 퇴사하는 주된 이유가 아니라 남아 있는 자들에게 집중해서 100여 명의 간호사들을 일일이 인터뷰하며 일의 어떤 측면에서 만족과 보람을 느끼는지 물어보았다. 그 결과 병원을 떠나지 않은 간호사들에게서 하나의 공통점을 발견했다. 그들은 자신의 직업에 큰 애착을 갖고 있었다. 간호사라는 직업이 지닌 고결함에서 일의 보람을 느끼고 있던 것이다.

캐슬린 데이비스와 수잔 우드는 환자를 돌보는 간호사가 존경받을 만한 직업이라는 사실을 강조하는 오리엔테이션 프로그램과 지식과 기술 함양을 돕는 멘토링 프로그램을 도입했다. 직업에 대한 자긍심을 지속적으로 느끼며 일할 수 있도록 조직 차원의 노력을 추가한 것이다. 일 년 후 간호사들의 만족도는 눈에 띄게 증가했으며, 자연스럽게 고객 만족도 또한 크게 향상되었다. 이직률 역시 약 30%나 감소하는 효과를 거두었다.

러브레이스 병원 시스템즈를 통해 우리가 이해할 수 있는 것은 일에 대한 자긍심을 갖고 일하는 사람이 자신과 고객 그리고 조직에도 긍정적인 영향을 미친다는 것이다. 일의 노예가 아닌 일의 주인이 되어 일하는 팔로워들에게는 일에 대한 자긍심이 있다. 때문에 그들은 쉽게 일을 관두거나 포기하지 않는다.

자신의 일이 얼마나 중요한지 스스로 의미를 부여해 보자. 기껏해야 숫자를 맞추고, 보고서를 쓰고, 나사를 조이고, 재고를 파악하는 일이라고 생각하지 말자. 날마다 흥미진진한 게임이나 짜릿한 스포츠 경기와 같은 일만 주어지는 일터는 없다. 설령 그러한 일이 주어진다 하더라도 일에 대한 자긍심이 없다면 그 일 역시'하기 싫은 일'이 될 것이다.

내가 하는 일이 누구나 다 할 수 있는 그저 그런 일이라고 생각할 때 여러분은 맥없이 흘러내리는 아이스크림 같은 팔로워가 될 것이다. 그러나 일에 대한 자긍심으로 무장한다면 여러분의 생각과 행동에 에너지가 실리고, 일터는 그런 여러분의 모습에 예의 주시하게 될 것이다.

우리나라 간호사를 대상으로 한 조직 유효성에 관한 연구와 참여

2010년 당시 경상대학교 간호학과 박사과정에 재학 중이던 이영숙 씨의 요청으로 팔로워십 교육의 효과성을 검증하기 위한 박사논문 연구에 참여할 수 있었다(「팔로워십 프로그램이 간호사의 팔로워십과 조직 유효성에 미치는 효과」 이영숙, 박사학위 논문 경상대학교 간호학과, 2011). 필자가 가지고 있는 팔로워십 프로그램을 22명의 간호사에게 총 6시간의 강의를 통해 직접 제공한 후 그 만족도와 효과성을 측정하는 것이었다(실험군 22명, 대조군 22명).

교육 내용은 조직의 비전과 나의 방향성을 통일하는 '목표 일치', '열정과 업무 역량', '리더와의 소통(조화)', '팀워크' 등을 중심으로 이루어졌다. 프로그램 교육을 마친 후 대상자들의 조직 유효성(조직 몰입도, 직무 만족도, 이직 의도)을 측정하였는데 그 결과는 매우 유의했다.

팔로워십 프로그램에 참여한 실험군의 조직 유효성 점수가 대조군에 비하여 참여 후 유의한 차이를 보였다. 실제로 간호사의 조직 몰입도와 직무 만족도는 향상하고 이직 의도는 감소시키는 결과를 만들어냈다. 또한 4주 후까지 효과가 지속되어 팔로워십 프로그램이 간호사의 조직 유효성을 향상시키는 데 효과적인 프로그램임을 확인했다.

의미를 좀 더 확대해 보면 이러한 연구 결과는 앞서 언급한 '러브레이스 병원'에서 얻었던 결과와도 유사한 메시지를 공유할 수 있다. 필자가 진행한 프로그램의 방향성은 안 되는 부분에 집중하는 것이 아니라,

간호사들의 자긍심을 높여주고 그들의 열정과 실행 의지를 고취시키는 것이었기 때문이다.

일을 향한 도전적인 자세

도전이란 정면으로 맞서 싸우는 것을 의미한다. 일을 향한 도전적인 자세란 자신이 맡은 일을 회피하거나 소극적으로 임하지 않고, 정면으로 부딪치며 해내는 자세를 말한다. 그러므로 일을 향한 도전적인 자세를 가진 팔로워는 적극적인 태도로 일한다. 또 능동적으로 일한다. 때로는 일을 찾아 나서기도 한다.

"괜히 튀었다가는 모난 돌이 정 맞아요. 여기서는 시키는 일만 하면서 몸을 바짝 낮추어야 합니다."

한 조직의 문화가 이렇다면 굳이 까치발을 하면서 나 좀 봐달라고, 내가 이만큼 튀는 사람이라며 광고할 필요가 없다. 사람이나 조직을 막론하고 민감하게 반응하는 치부가 있다면 그것을 건드려 이득이 될 리 만무하다. 그러므로 모난 돌이 되어 공분을 사거나 비난의 화살을 혼자서 맞지는 말자.

조직생활에서 정치적 요소는 매우 중요하다. 쉽게 말해 눈치껏 행동해야 한다. 지나치게 소신을 앞세우기보다는 적당한 선에서 고집을 부리는 편이 유리하다. 상대방과 대적하기보다는 함께 아우르며 가는 것이 좋다. 괜히 의욕만 앞서 일을 그르치기보다는 신중하게 생각하며 행동하는 것이 현명하다.

모난 돌이란 이렇게 눈치 없이 행동하며 자기 고집과 의욕만을 내세워 상대방과 대적하며 일을 그르치는 사람을 말한다. 참신한 아이디어를 제시하고, 일을 찾아다니는 열정맨은 모난 돌이 아니다. 그런데 사람들은 번뜩이는 생각과 적극적인 태도로 일하는 사람을 모난 돌이라고 여기는 경향이 있다. 그리하여 있는 듯 없는 듯 자신을 조직에 적당히 맞춰가며 소극적으로 일하는 것이 가장 유리하다고 믿는다. 이런 생각과 행동은 지금 자신이 취하고 있는 소극적인 행동과 구태의연한 태도를 만들어낸 원인과 결과에 대한 합리화에 불과하다.

모난 돌이라는 잘못된 해석으로 당신의 도전정신을 스스로 꺾지 않기를 바란다. 도전적으로 일하는 팔로워는 조직에서 없어서는 안 될 보석 같은 존재이다. 위와 같은 태도는 오히려 조직의 생존을 위협하는 위험한 행동이다. 존재감 없는 생활, 도전적이지 못한 태도는 일하고자 하는 의욕을 갉아먹는다.

경기도 일산의 한 세차장에서 일하는 종업원이 있다. 하루에 수십 대의 차량을 고압의 노즐로 세차하는 일이 그의 임무이다. 그의 손놀림은 예사롭지 않다. 호스를 어깨 위로 올리거나 허리 뒤로 빼가며 차량의 바깥쪽과 문 안쪽의 테두리까지 물세차를 완벽하게 끝낸다.

인터넷 포털사이트에서 '세차의 달인'을 검색하면 그의 모습이 담긴 동영상을 쉽게 접할 수 있다. 지루하고 힘든 물세차. 매일 똑같은 일의 반복이지만 그는 이왕 하는 일이라면 좀 더 적극적으로 하는 것이 좋다고 생각했다. 손님들에게는 잘한다는 소리를 듣고 싶었다고 한다. 그래서 다양한 자세와 각도, 속도를 높이기 위해 연습하고 또 연습한 결과 4분 만에 세차를 완벽히 마무리할 수 있게 되었다고 한다.

일에 대한 도전적인 자세란 바로 이런 것이다. 도전적이지 못한 일은 의욕을 떨어뜨린다. 그러나 우리가 일터에서 하는 일의 상당 부분은 일상적이고 반복적이며 지루하기까지 하다. 이것이 바로 일을 대하는 데 있어 도전적인 자세가 중요한 이유이다.

무능한 팔로워는 자신의 마음가짐보다는 일 자체를 탓한다. 일 자체가 도전적이지 못하고 시시하기 때문에 재능을 펼칠 기회가 없다고 말한다. 그러나 숨죽이며 소극적으로 일하는 팔로워에게 도전적인 일을 맡길 상사는 어디에도 없다. 이것이 무능한 팔로워가 겪는 악순환이다. 소극적으로 행동하기 때문에 도전적으로 일을 하지 못하고, 그렇기 때문에 일에 대한 흥미가 떨어진다. 그런 모습을 목격한 상사는 그에게 도전적인 과제를 맡기지 않게 되며, 결국 조직으로부터 신뢰를 잃게 된다.

탁월한 팔로워로 도약하기 위해서는 일을 향한 도전적인 자세를 가져야 한다. 일의 주인이 되기 위해서는 평범하고 일상적인 일도 발전시켜 보고자 하는 노력, 도전적인 일을 찾는 적극적인 태도를 갖춰야 한다. 일을 향한 도전적인 자세는 당신을 더 높이 도약하게 하는 지렛대이다.

Why가 아닌 How의 통합적 접근 방식

『Why』라는 책은 지금도 여전히 베스트셀러를 기록하며 어린이들 사이에서 선풍적인 인기몰이를 이어가고 있다. '왜'라는 질문은 사물의 실체에 대한 의문과 호기심을 의미하며, 그러한 자세는 발견과 발명을 위한 시발점이자 과학 발전의 동인이 된다. 그러므로 'Why'라는 의문과 호기심은 학문을 익히고 발전시키는 데 가장 중요한 요소이다.

물론 일터에서도 자신이 해야 할 일, 만나야 할 사람, 상사나 동료와의 관계, 일터의 문제점 등에 대해서 Why라는 의문과 호기심의 접근이 필요하다. 그러나 Why의 접근 방식만으로는 문제 해결이 되지 않는다.

"왜 내가 이 일을 해야만 할까?"

"왜 내가 그 사람들을 만나야 할까?"

"왜 내가 상사나 동료와 잘 지내야 하지?"

"왜 우리 회사는 이런 문제점이 해결되지 않을까?"

해야 할 일에 대한 지나친 의문보다는 어떻게 해야 하는지 스스로 고민하고 해결책을 마련하고자 노력할 때 문제 해결에 더 큰 도움이 된다. 따라서 자기주도적으로 일하기 위해서는 'How'의 접근 방식을 추가해서 자신이 맡은 일과 해결해야 할 과제에 대한 통합적 접근이 필요하다.

'왜'라고 과도하게 묻기 시작하면 불만에 집중하게 된다. 불만이 해결되지 않으면 수동적으로 일하게 되고, 새로운 과제나 일이 주어질 때마다 또다시 '왜'에 봉착하게 된다. 이런 사람들은 의문은 있지만 스스로 해결책을 찾지는 않는다. 그러나 '어떻게'로 접근하면 문제나 과제를 해결하기 위한 방법을 찾아 나서게 된다. 의문과 불만에 발목이 잡혀 부정적인 방향으로 신경을 쓰기보다는 해결 방안을 찾기 위해 노력한다. 자연스럽게 자기주도적으로 일하며 문제 해결능력이 향상된다.

만약 여러분이 책을 써서 생활해야 하는 전업 작가라고 할 때 자신의 책이 전혀 팔릴 기미가 안 보인다면 어떻게 하겠는가? 어떻게 하는 것이 보다 궁극적인 해결책이 되겠는가? '왜 안 팔릴까?'에만 집중하기보다는 '어떻게 하면 잘 팔릴까?'에 집중하며 스스로 해결책을 마련하는 편이 더욱 효과적일 것이다.

『달과 6펜스』, 『인간의 굴레』로 저명한 영국의 작가 서머싯 몸Somerset Maugham은 한때 자신의 책이 잘 팔리지 않아 끼니를 굶어가며 생활했다. 무명작가였던 그는 '어떻게 하면 책이 잘 팔릴까?'를 궁리하기 시작했다. 신문에 자신의 소설을 광고하는 것이 가장 좋은 방법이라고 생각한 그는 신문사 광고부를 찾아가 책임자에게 도움을 요청했다. 하지만 그에게는 신문에 광고를 낼 만한 돈이 없었다. 광고 책임자는 그 사실에 적잖이 당황할 수밖에 없었다. 그때 서머싯 몸은 책이 팔리면 광고비를 두 배로 갚겠다는 말과 함께 자신이 고안한 광고 문안을 책임자에게 내밀었다. 그 광고는 바로 백만장자의 구혼 광고였다.

'배우자를 찾습니다. 저는 음악과 운동을 좋아하는 교양 있는 백만장자입니다. 제가 찾는 이상형은 서머싯 몸의 소설에 나오는 여주인공과

같은 사람입니다. 그런 여성과 결혼하고 싶습니다.'

광고 책임자는 무릎을 탁 쳤고, 광고는 결국 전국으로 퍼져나갔다. 광고를 본 온 나라의 젊은 여성들은 서머싯 몸의 소설에 등장하는 여주인공이 누구인지 알아내기 위해 너 나 할 것 없이 책을 구매했다. 그의 책이 베스트셀러가 된 것은 말할 필요도 없었고, 그는 그 길로 유명 작가의 반열에 들어서게 되었다.

스스로에게 '왜'라고 질문하고 싶을 때는 간결하게 묻고 넘어가는 편이 좋다. 결론은 빨리 내리되 나머지 시간은 '어떻게'에 집중해야 한다. 통합적 접근 방식을 갖는다면 자기주도적으로 일할 수 있는 중요한 열쇠를 쥐고 있는 것과 다름없다. 의문에 지나치게 사로잡히기보다는 그것으로부터 벗어나 재빨리 '어떻게'의 방향으로 나아가야 한다. 문제 해결능력을 키우며 자기주도적으로 일하자! Why와 How의 통합적 접근 방식으로 일하자.

자기주도성을 선택하는 습관

별다른 지시가 없었음에도 문제를 잘 해결하는 부하 직원과 질문은 많지만 결과물은 신통치 않은 부하 직원이 있다면 여러분은 누구를 더 선호하겠는가? 일을 제대로 처리하기 위해 상사에게 질문하는 것은 사실 당연하다. 그러나 습관적으로 방법만 물어보며 상사를 괴롭히는 팔로워는 자기주도성이 부족한 것이다. 신입사원의 경우라면 모를까 입사한 지 한참 지났는데도 자신이 취해야 할 행동 하나까지도 물어보고 움직이는 소극적인 팔로워가 분명 존재한다.

또 과장급의 중간관리자임에도 불구하고 자신의 역할과 임무에 대한 이해가 부족한 경우도 있다. 스스로 일을 찾아서 정해진 목표를 향해 매진해야 하지만, 윗사람의 눈치와 심적 변화에만 치중한 나머지 자기주도적으로 일하는 것을 망각하기도 한다.

일례로 다음과 같은 경우가 있다. 어느 중소기업의 대표이사가 직원들의 워크숍을 추석 이후에 준비해 보라고 지시를 내렸다. 대략의 예산과 워크숍의 목적 등 가이드라인을 이해한 담당 과장은 일정을 알아보고 계획을 세울 필요가 있었다. 그런데 최근 원가 절감 문제로 대표이사의 심기가 불편하다는 사실을 안 과장은 알아보던 일을 그만두었다. 분위기도 안 좋은데 괜히 돈 쓰는 이야기를 꺼내 봐야 좋을 게 없다고 판단했기 때문이다.

그렇게 얼마의 시간이 지난 뒤 대표이사가 다소 여유로운 모습을 되찾자 담당 과장은 다시 계획을 세우기 시작했다. 이번에는 일일이 허락을 받고 진행하는 것이 좋겠다 싶어 숙소, 교통편, 음식점, 행사 장소, 강사 섭외 등 시시콜콜한 사항까지 모두 결재를 받았다. 우여곡절 끝에 워크숍을 가게 되었고, 행사 말미에 진행된 전 직원 화합을 위한 맥주파티에서 대표이사는 다음과 같은 당부의 말을 전했다.

"여러분, 오늘 이 자리를 위해 고생한 저에게 박수 한 번 쳐주세요. 워크숍을 준비하느라 정말 힘들었습니다. 지침을 주면 그 지침에 따라 능동적으로 일해주세요. 그것이 제가 여러분에게 바라는 전부입니다."

모든 직원들은 대표이사의 말이 끝나자 박수를 치며 고개를 끄덕였지만 담당 과장의 표정은 어두웠다.

자기주도성을 가진 팔로워가 될 것인지 아니면 상사 의존도가 높은 팔로워가 될 것인지는 개개인의 선택과 습관에 달려 있다고 생각한다. 상사에게 질문하고 서로 토론하며 일을 진행해서 나쁠 것은 없다. 오히려 이러한 과정은 상사와 팔로워의 관계를 돈독하게 해주는 훌륭한 수단이기도 하다. 그러나 정해진 지침이나 합의된 기준이 존재한다면 이를 근거로 능동적으로 일할 수 있어야 한다.

하지만 합의된 기준이나 지침이 없는 상태에서 한마디 상의도 없이 일을 추진한다면 이것은 자기독단성이 되기 때문에 주의해야 한다. 그러나 정해진 기준과 지침이 있는데도 불구하고 일일이 물어가면서 상사를 괴롭힐 필요가 있겠는가?

아이들의 교육 문제에서도 필자는 자기주도성이란 선택의 문제라는 사실을 크게 느낀다. 흔히 자기주도적 학습능력을 아이들의 학업 성취에 있어서 가장 중요한 요소로 본다. 이는 능동적인 자세로 공부하는 능력을 말한다. 그런데 요즘 아이들은 겉보기에는 자유롭고 어느 때보다도 개성이 강한 것처럼 보이지만, 작은 일 하나도 부모에게 허락을 받고 행하는 아이들이 지나치게 많다는 생각이 든다. 그러다 보니 부모도 지치고 아이들도 만족하지 못하는 경우가 반복된다.

최근에 음식점에서 겪은 일이다. 초등학교 3~4학년쯤 돼 보이는 아이들이 엄마와 함께 앉아 있었다. 음식이 나오자 너 나 할 것 없이 "접시 주세요. 포크 주세요. 물 주세요." 하면서 이것저것 요구하기 시작했다. "엄마, 이거 먹어도 돼요?" "배부른데 남기면 안 돼요?"라며 끊임없이 엄마에게 묻는 아이들의 모습이 지나치게 의존적이라는 생각이 들었다.

물론 우리 집 딸아이도 의존적으로 행동하는 부분이 적지 않다. 한때는 그 정도가 심각한 수준이었다. 물 한 잔 따라 마시는 것조차 힘들었다. 필자는 어째서 스스로 하지 않는지 이유를 물었고, 딸아이는 습관이 된 탓에 자기도 모르게 그러한 행동을 하게 된다고 말했다. 아이에게는 습관의 틀을 깨고 자기주도성을 선택하는 것보다 수동적으로 행동하는 것이 더 편했을 것이다. 이는 결코 쉽지 않은 문제이다. 아이뿐만 아니라 성인도 자기주도성을 선택하는 데 주저하며, 그렇게 은연중에 만들어진 습관은 평생 우리를 따라다닌다.

일의 노예가 아닌 일의 주인이 되기를 희망한다면 자기주도적으로 일해야 한다. 자기주도성은 결국 선택의 문제이다. 자기주도적으로 일하며 일의 주인이 되는 것은 탁월한 팔로워의 차별화 포인트이다.

자기주도적으로 일하기 위해 필요한 요소

의미 있는 목표

▶ 자기주도적으로 일하는 사람들은 의미 있는 목표를 가지고 있다. 의미 있는 목표를 갖고 그 목표를 추구하는 사람은 그렇지 못한 사람에 비해 훨씬 자기주도적으로 일할 수 있다.

일에 대한 자긍심

▶ 일의 노예가 아닌 일의 주인이 되어 일하는 팔로워들은 일에 대한 자긍심이 있다. 그렇기 때문에 쉽게 일을 관두거나 포기하지 않는다. 자신의 일이 얼마나 중요한지 스스로 의미를 부여해보자.

일을 향한 도전적인 자세

▶ 일을 향한 도전적인 자세란 평범한 일도 더욱 발전시켜 보고자하는 노력, 도전적인 일을 찾는 적극적인 태도를 말한다.

Why가 아닌 How의 접근 방식

▶ '왜Why'라고 묻기 시작하면 불만에 집중하게 된다. 그러나 '어떻게 How'로 접근하면 문제나 과제를 해결하기 위한 방법을 찾아나서게 된다. 자연스럽게 자기주도적으로 일하며 문제 해결능력이 향상된다.

자기주도성을 선택하는 습관

▶ 자기주도성이 있는 팔로워가 될 것인지 아니면 상사 의존도가 높은 팔로워가 될 것인지는 개개인의 선택과 습관에 달려 있다. 자기주도적으로 일하며 일의 주인이 되어 일하는 것은 탁월한 팔로워의 차별화 포인트이다.

의욕과 의지는 구분되어야 한다. 의지는 실력의 밑거름이고 태도이다. 의욕은 하고자 하는 욕구이자 출발점이다. 흔히 시작이 반이라고 한다. 그러나 실제로는 그렇지 않다. 시작은 시작일 뿐이다. 무엇인가를 이루기 위한 과정에서 실력은 개인을 성장시키고 꿈을 이루게 하는 가능성을 높인다. 의욕보다 실력이 더 많은 것을 완성한다. 훌륭한 결과를 얻기 위해 실력을 쌓아야 한다. 당신이 맡은 일이 무엇이 되었든 그 분야에서 인정받고 싶다면, 실력을 갖추는 것만큼 확실한 카드는 없다.

4장
실력
탄탄한 실력으로 존재감 키우기

의욕보다 실력이 더 많은 것을 완성한다

프로이센 육군의 참모 발탁 기준

거북선의 나대용, 화약 제조 이봉수

배송 사원도 CEO가 될 수 있는 기업 '페덱스Fedex'

의욕보다 실력이
더 많은 것을 완성한다

2010년에 방송된 '제빵왕 김탁구'는 한때 시청률 50%를 기록할 정도로 인기 가도를 달린 드라마이다. 가진 것은 없지만 마음 착하고 겸손한 '김탁구'와 거의 모든 것을 가졌지만 비뚤어진 승부욕과 불만으로 가득 찬 '구마준'의 대비는 극에 흥미를 더해주었다.

드라마의 전반부를 시종일관 흥미진진하게 이끈 것은 구마준이 김탁구를 실력으로 제압하기 위해 노력하는 장면들이다. 특히 '봉빵'을 만드는 경합에 앞서 구마준은 승리를 위해 김탁구의 눈까지 멀게 할 만큼 악랄한 수법을 사용한다. 결국 최종 경연에서 패한 구마준은 가게에 불을 지르고 봉빵의 제법이 담긴 사부님의 책을 들고 도주한다.

구마준은 지나친 승부 기질과 의욕으로 뭉쳐진 콤플렉스 덩어리다. 반면 김탁구는 자신의 타고난 재능과 실력을 잘 알지 못하는 낙천적인 천재이다. 김탁구는 실력을 갖춘 승리자였고, 구마준은 실력보다는 의욕이 앞선 패배자였다. 의욕의 뒷받침 없이 실력이 향상될 수는 없겠지만, 그렇다고 해서 의욕의 크기로 실력을 가늠하지는 않는다. 현실에서는 의욕보다 실력이 더 많은 것을 완성한다. 또한 의욕과 의지는 구분되어야 한다. 의지는 실력의 밑거름이고 태도이다. 의욕은 하고자 하는 욕구이자 출발점이다.

흔히 시작이 반이라고 한다. 그러나 실제로는 그렇지 않다. 시작은 시작일 뿐이다. 과정의 혹독함은 별개이다. 그러므로 의욕만으로는 실력을 끌어올리는 데 한계가 있다. 수능 석차 최하위의 학생이 의욕적으로 공부를 시작한다 하더라도, 훌륭한 결과를 얻으려면 실력을 쌓아야 한다. 실력이 훨씬 더 많은 것을 완성하기 때문이다.

우리나라의 아이돌 그룹을 보면 의욕보다 실력이 더 많은 것을 완성한다는 점에 공감하지 않을 수 없다. 수많은 청소년들이 아이돌이 되기 위해 기획사 오디션에 응시한다. 그들 모두 의욕 하나만큼은 대단하다. 그러나 이들 중 합격자는 몇몇에 불과하고, 그들은 다시 길고 긴 연습생 생활을 견뎌야만 한다. 몇 년이 걸릴지도 모르는 시간을 버텨낸 뒤 결국엔 실력 있는 사람만이 살아남는다. 물론 성실한 태도와 해내겠다는 의지는 필수 항목이다. 하지만 의욕만 앞서거나 의욕만으로 덤빈 사람은 중도에 탈락하기 마련이다.

말콤 글래드웰은 『아웃라이어』에서 어떤 분야에서든 성공의 기회를 잡을 정도의 전문가가 되려면 최소 1만 시간 이상의 훈련과 노력이 필요하다고 했다. 하루 3시간씩 10년간 투자해야 한다는 소리이다. 실력은 그만큼 내 것으로 만들기가 쉽지 않지만, 일단 실력이 쌓이면 스스로 해낼 수 있는 일들이 전에 비해 훨씬 많아진다.

실력은 개인의 성장과 꿈의 완성을 가능하게 한다. 의욕보다 실력이 더 많은 것을 완성한다. 당신이 맡은 일이 무엇이 되었든 그 분야에서 인정받고 싶다면, 실력을 갖추는 것만큼 확실한 카드는 없다. 앞서 말한 헌신과 자기주도적 일처리가 팔로워의 마음가짐과 태도에 초점을 맞춘 것이라면, 실력은 팔로워가 현업에서 마주하게 될 다양한 과제를 해결하는 데 필요한 능력을 말한다.

리더의 소망을 이루게 할 마지막 퍼즐을 맞출 수 있는 실력 있는 팔로워가 되자. 실력 있는 팔로워는 소중한 존재로 인정받으며 더 높이 도약할 수 있다.

프로이센 육군의
참모 발탁 기준

참모란 조직의 운영, 관리, 기획, 자문 등의 다양한 활동을 통해 리더를 돕고 조직의 목표 달성에 기여하는 사람을 말한다. 어떤 이는 참모와 팔로워는 전혀 다른 개념이라고 주장하지만 여기에는 다소 모호함이 존재한다.

참모는 리더의 지휘권 행사를 보좌하는 역할을 한다. 다양한 분야의 여러 가지 문제들을 동시에 해결해야 하는 리더의 입장에서 모든 것을 단독으로 결정하기란 불가능하다. 그래서 각 분야별로 전문가인 참모를 두고 그들로부터 지휘권 행사에 필요한 적절한 도움을 받는다. 특히 군 조직의 경우 참모는 예하 부대를 지휘하거나 독단적인 명령을 내릴 권한이 없으며, 모든 업무의 수행 과정이나 결과에 대해서는 리더가 책임지도록 되어 있다. 참모는 리더를 돕는 사람이라는 점에서 팔로워와 일맥

상통하지만, 스스로 결정하여 행할 수 있는 권한이 매우 제한되어 있다는 점에서는 차이를 보인다. 반면 팔로워는 참모의 역할을 포함하여 스스로 판단하며 일을 진행하고, 경우에 따라서는 리더의 책임을 자신이 떠안고 역할을 대행하기도 한다.

간단한 예로 청와대 비서실장은 참모이고, 국무총리는 팔로워다. 이 둘의 직위는 분명 다르지만, 대통령을 보좌해 국정 운영에 실질적인 도움을 준다는 점에서 그 역할이 같다. 그러므로 이 둘을 완전히 다른 개념으로 구분하기보다는 팔로워는 좀 더 광범위한 개념, 참모는 이보다 세분화된 개념으로 보는 편이 좋다.

팔로워follower는 서양에서, 참모參謀는 동양에서 오랫동안 사용되어온 용어로 문화적인 차이가 다소 존재하지만, 그 역할에 있어서는 일맥상통하는 바가 크다. 삼국지를 보면 영웅호걸들을 보좌하는 참모의 능력이 리더에게 기여하는 바가 절대적이라는 점을 알 수 있다. 한고조 유방과 장량이 그러하고, 유비와 제갈공명이 그러하다.

오늘날에도 리더와 참모의 조합은 역시 중요하다. 그렇다면 조직의 운명을 결정할 만큼 중요한 인물인 참모를 선택하는 기준은 무엇일까? 우리는 18세기 프로이센 군대에서 중요한 힌트를 얻을 수 있다.

사카이야 다이치는 『조직의 성쇠』에서 근대에 와서 참모의 지위를 확립한 최초의 조직은 프로이센의 육군(향후 독일 참모 본부가 됨)이라고 말한다. 프로이센의 육군은 참모의 인사 평가에 관해 주목할 만한 기준을 가지고 있다. 참모 후보자에 대해 '능력'과 '의욕'으로 나누어 그들을 어떤 위치에 앉힐 것인지 평가한다. 먼저 으뜸 요직에 앉힐 인재는 '능력은 크고 의욕은 작은 사람'이다. 그 다음 자리는 '능력과 의욕이 모두 큰 사람', 그 다음은 '능력과 의욕이 모두 작은 사람'이다. 반면 절대로 요직에 앉혀서는 안 되는 인물로 '능력은 작으면서 의욕이 큰 사람'을 꼽는다. 능력이 부족하면서 의욕만 큰 사람은 현명한 판단을 하지 못할 뿐더러 자신의 생각을 고집하고 무리하게 밀어붙여 조직 전체를 위험에 빠뜨릴 수 있기 때문이다.

전체 인구의 절반에 해당하는 6백만 명의 사람들이 식량 원조 없이는 살아갈 수 없는 곳, 2008년 콜레라가 창궐하여 수천 명이 사망할 정도로 세계에서 가장 기근이 심한 나라가 바로 짐바브웨Zimbabwe이다. 2010년 UN의 식량 및 영양위원회Food and Nutrition Council에 따르면 짐바브웨에서 생활하는 5세 이하의 어린이 중 3분의 1 이상이 영양실조 상태이며, 이 연령대의 어린이들 중 1만 2천 명이 매년 영양실조로 숨진다고 한다.

배부른 식사가 아니라 생존을 위한 최소한의 식량조차 허락되지 않은 이들에게 한 줌의 밀가루와 한 스푼의 분유는 생명과도 같은 것이다. 그러므로 짐바브웨의 관료와 공직자들은 국제사회의 원조와 협력을 적극적으로 요청하고 나서야 한다. 그러나 어이없게도 한 참모의 무능함으로 인해 국제식량구호단체의 식량 원조 제안을 거절하게 되면서 그 결과로 백만 명 이상이 기근에 시달려야만 했다.

짐바브웨의 농업부 장관이었던 조셉 메이드Joseph Made는 2004년의 곡물 수확량이 2백 4십만 톤에 달하므로 그해 충분한 작황을 거두었다고 판단했다. 그는 이러한 사실을 대통령에게 보고했으며 대통령은 조셉 메이드의 조언에 따라 구호단체의 식량 원조 제안을 거절했다. 그러나 이 계산은 조셉 메이드의 무능함과 부주의가 만들어낸 엉뚱한 판단 착오였다. 실제로 수확량은 70만 톤 정도에 불과했고, 무고한 150만 명의 국민들은 주린 배를 움켜쥐고 힘겨운 시간을 견뎌야만 했다. 2008년 미국의 시사 전문지 FPForeignpolicy는 세계 최악의 참모로 5명의 인물을 선정했는데, 조셉 메이드 역시 그들 중 한 사람으로 당당히 이름을 올렸다.[7]

진정한 팔로워는 탄탄한 실력을 갖추고 있어야 한다. 실력이 부족한 팔로워는 리더를 제대로 도울 수 없고, 오히려 리더의 현명한 판단을 방해한다. 그로 인해 조직은 커다란 위험에 빠질 수 있다.

조직의 위기는 비단 리더만의 책임이 아니다. 실력이 부족한 팔로워의 무능함과 부주의는 리더와 조직 전체를 풍전등화, 사면초가의 위기에 몰아넣는다.

거북선의 나대용,
화약 제조 이봉수

일본이 1592년부터 1598년까지 두 차례에 걸쳐 조선을 침입하여 일어난 전쟁이 바로 임진왜란과 정유재란이다. '조일 7년 전쟁'이라고도 불리는 이 전쟁사에서 빼놓을 수 없는 이름이 바로 이순신이다.

뛰어난 리더십과 놀라운 전술로 일본이 감히 넘어설 수 없는 커다란 존재였던 삼도수군통제사 이순신. 그가 있었기에 조선이 존재했고, 오늘날 우리가 존재한다. 그리고 이순신의 곁에는 그를 도와 전쟁의 승리를 이끌었던 위대한 팔로워들이 있었다. 그들은 화약을 조달하고, 거북선을 만들었으며, 물길을 읽고 조총에 대항할 무기를 만들었다.

7년간의 전쟁이 진행되는 동안 화약을 제조하여 조선 수군의 전력에 절대적인 도움을 준 이봉수와 거북선의 탄생에 결정적 역할을 수행한 나대용에 대해서는 고진숙의 『이순신을 만든 사람들』에 잘 나와있다.

화약 제조를 담당했던 이봉수는 경주의 명문가 아들로 태어나 무예에 관심이 컸고, 장차 무관이 되고자 했다. 이후 나이가 찬 그는 이순신이 전라 좌수영에 있을 때 정로위에 들어가게 된다. 정로위는 지배계층이면서도 현직에는 오르지 못한 사람의 병역 의무를 해소하고 고급 두뇌를 확보하기 위해 만들어진 귀족군대이다. 이곳에서 이봉수는 수중 철쇄를 만드는 일에 투입되고, 나무 도르래를 고안하여 철쇄를 바다에 설치하는 데 큰 기여를 한다. 철쇄는 배가 드나드는 물길에 설치하는데, 걸려든 배를 오도 가도 못하게 하는 일종의 인공 암초 역할을 하는 중요한 군사 무기이다. 이러한 철쇄를 도르래를 이용하여 설치하는 아이디어를 제공한 사람이 바로 이봉수이다. 그의 능력은 곧 이순신의 눈에 띄게 된다. 실력 있는 팔로워를 한눈에 알아본 것이다.

당시는 초기의 격렬했던 몇 달간의 해전을 마치고 난 터라 화약이 거의 바닥 난 상태였다. 적이 이러한 사실을 알기라도 한다면 눈 뜨고 당할 수 있는 절박한 상황이었다. 화약 제조에 대한 기록은 이미 고려 말 최무선으로부터 이어져왔으나 전쟁에 대한 대비가 부족했던 조선에서는 그 기술을 더 발전시키지 못했다. 문제는 화약을 만드는 데 가장 중요한 역할을 하는 염초(질산칼륨)를 생산하는 방법이었다. 염초만 확보한다면 화약은 얼마든지 생산할 수 있었지만 구할 방도가 없었다. 특히 염초는 자연에서는 구할 수 없는, 화학반응을 통해서만 얻을 수 있는 물질이었다. 그러나 당시에는 제대로 된 화학자도 없었으며 화학이라는 단어조차 생소한 시기였다.

이순신은 이봉수에게 기본적인 화약 제조 방법이 적혀 있는 기록을 넘겨주며 그에게 염초 제조를 당부했다. 전문 화학자도 아니었고 그와 관련된 교육을 받아 본 적도 없는 이봉수는 수많은 실험을 통해 결과를 체계화하여 결국 염초의 대량 생산법을 알아내기에 이른다. 이후 화약을 다량 확보할 수 있게 된 조선 수군은 무기 확보에 큰 힘을 얻게 된다.

거북선 하면 이순신 장군의 이름이 자연스럽게 거론되지만 실제로 거북선을 설계하고 만들어낸 장본인은 나대용 장군이다. 정확히 말해 거북선은 리더 이순신 장군의 지원과 팔로워 나대용 장군의 실력이 만들어낸 작품이다. 나대용 장군의 이름은 현재 우리나라 해군 잠수함의 명칭으로도 쓰이고 있다.

나대용은 1556년 전라도 나주에서 태어나 1583년 28세에 무과에 급제하여 훈련원 봉사로 재직하다가 임진왜란이 일어나기 직전인 선조 24년(1591년)에 전라 좌수사로 있던 이순신 장군 휘하의 군관으로 임명된다. 나대용은 무언가 새로운 것을 발명하는 데 관심이 많았다. 그는 자신의 독특한 생각을 실천하기 위해 실험하기를 좋아했고, 연구에 몰입하는 일을 즐겨 했다고 한다. 무과 시험에 합격한 그는 6년간의 병영생활을 뒤로하고 1589년 고향으로 내려오게 되는데, 이후 그는 늘 마음속에 품고 있었던 '특별한 배'를 만들기 위해 설계도를 그리고 자료를 모으기 시작했다.

1591년 전라 좌수사로 있던 이순신 장군의 휘하로 들어가게 된 나대용은 자신이 평소에 구상하고 있던 거북선의 설계도를 장군에게 보여준다. 이순신 장군은 나대용의 '특별한 배'를 단번에 알아본다. 왜군과의 전쟁에서 반드시 필요한 강하면서도 불에 쉽게 타지 않는 배를 갈망하던 그는 나대용의 설계도에 흥미를 갖게 되었다. 나대용은 즉시 배를 만드는 최고 책임자로 임명되었고, 설계도를 보완하고 실험하기를 여러 차례 반복하였다. 그리고 마침내 1592년 4월 거북선이 완성되었다. 거북선은 사천해전에 처음으로 투입된 이후 당포해전, 한산도대첩 등에서 맹활약을 펼쳤다고 역사는 기록하고 있다.

아무리 뛰어난 장수라 하더라도 그 실력을 알아주지 못하는 리더를 만난다면 소용이 없다. 반대로 리더가 아무리 밀어주고 싶어도 팔로워의 실력이 부족하다면 오히려 리더에게 화를 입힐 수 있다. 그런 점에서 나대용 장군의 실력과 이순신 장군의 안목은 거북선 탄생에 있어 가장 훌륭한 조합이 아니었나 생각한다. 더불어 나대용 장군의 실력이 거북선 탄생의 실질적인 원동력이었다는 점은 부인할 수 없는 사실이다.

실력 있는 팔로워 나대용 장군은 리더 이순신 장군이 희망했던 접근전에 강하고 불에 타지 않는 배를 현실로 재현해냈다. 나대용 장군이야말로 탄탄한 실력을 바탕으로 리더의 꿈을 현실로 만든, 우리가 자랑스럽게 여겨야 할 위대한 팔로워의 전형이 아닐까?

배송 사원도 CEO가 될 수 있는
기업 '페덱스Fedex'

1976년 미국 밀워키 지점에서 세차와 물건을 나르는 비정규직으로 회사생활을 시작한 데이비드 레브홀츠David Rebholz, 배달 직원으로 입사했던 데이비드 브론젝David J. Bronczek, 1969년 시간당 3달러가 안 되는 시급을 받고 화물을 나르는 일을 시작했던 고졸 출신의 마이클 더커Michael Ducker. 이들의 공통점은 모두 말단 사원으로 시작해서 세계 최고의 특급 송달 회사인 페덱스Fedex의 최고경영자라는 직함을 그들의 명함에 새기게 되었다는 사실이다.

어떻게 이런 일이 가능할까? 사실 이러한 성공 사례는 페덱스에서 흔한 일에 불과하다. 페덱스에서는 괄목할 만한 능력을 보유한 사람이라면 (물론 그들의 인성이 뒷받침되어야 하지만) 어느 누구에게나 동일한 성공의 기회를 보장한다. 이곳에서는 학벌, 집안, 지역, 정규직과 비정규직 그리고 적당히 포장한 쇼맨십에 의해 소수의 사람들에게 기회가 독점되는 일이 절대 일어날 수 없다.

미국 테네시 주 멤피스에 본사를 두고 있는 페덱스의 일관된 정책은 'PSPPeople, Service, Profit'로 요약된다. PSP 정책은 가장 먼저 직원들을 고려해야 고객에 대한 서비스의 질이 높아지고, 회사가 많은 이윤을 남길 수 있다는 창업자 프레드릭 스미스Fredrick W. Smith의 철학으로부터 출발했다. 이러한 철학은 직원에 대한 투자를 아끼지 않고, 직원을 인격적으로 대우하며, 그들이 성장하여 탄탄한 실력을 갖출 수 있도록 지속적인 동기를 부여한다는 의미이다.

실제 모든 페덱스 직원은 연간 2,500달러의 교육비를 회사에서 지원받아 외부 교육을 배울 수 있다. 페덱스의 인사 총괄 담당 부사장 주디 에지Judy Edge는 고등학교만 졸업하고 스물한 살에 콜센터 직원으로 입사했지만 회사에 다니면서 대학과 대학원을 졸업하여 현재의 위치까지 오르게 됐다. 또 매니저급 이상의 간부로 승진할 경우에는 혹독한 리더십 과정을 밟아야 하며, 2년마다 정기적인 간부 교육을 받아야 한다.[8]

직원에 대한 교육 투자는 그들의 실력 향상에 직접적인 기여를 한다. 현재 페덱스는 뛰어난 경쟁력을 바탕으로 매년 10% 수준의 성장을 거듭하는 세계적인 회사의 위치에 올라 있다.

페덱스에서는 비정규직도 말단 배송 사원도 CEO가 될 수 있다. 다만

리더십의 또다른 얼굴, 팔로워십

그들의 실력이 성공을 뒷받침할 수 있어야 한다. 도무지 실력이 향상되지 않는 직원들에게마저 무조건적인 투자를 해야 한다는 의미가 아니다. 우리는 이 점을 반드시 숙지하고 이해해야 할 필요가 있다.

영국 속담에 '공짜 점심은 없다'라는 말이 있다. 많은 기업들이 직원을 최우선으로 생각한다고 입버릇처럼 말한다. 하지만 이는 실력 없는 직원에게 무조건 투자한다는 의미가 아니다. 공짜 점심을 계속해서 제공할 바보는 어디에도 없다. 따라서 다음과 같이 해석해야 할 것이다. "우리 회사는 적어도 실력이 향상되고 있거나, 향상될 기미가 보이는 직원을 함부로 대하지는 않는다."

실력 있는 팔로워가 리더와 조직을 위해 더 많은 일을 할 수 있고, 더 크게 기여한다는 사실은 명백하다. 리더를 돕고 조직에 기여하는 팔로워는 실력이라는 탄탄한 기반 위에서 완성된다. 그래야 조직도 당신을 존중하고, 당신도 조직에 기여할 수 있다. 실력이 팔로워를 말해준다.

One
Point
Lesson

실력을 연마하는
만고불변의 법칙

메타인지

메타인지metacognition는 'meta'와 'recognition'의 결합으로써 '알고 있는 것에 대한 인지'를 의미한다. 그러니까 자신이 알고 있는 것이 무엇인지, 모르는 것이 무엇인지를 정확히 아는 인지능력을 말한다.

문제집 채점을 하는 엄마와 자녀 사이의 대화를 보면 메타인지에 대해 쉽게 이해할 수 있다. 틀린 문제에 대해 야단을 치는 엄마와 원래는 알고 있었지만 실수로 틀렸다는 아이의 변명이 오고 간다. 결국 엄마는 실수로 인정해줄 테니 다음에도 같은 문제를 틀린다면 그냥 넘어가지 않겠다며 엄포를 놓는다. 그렇게 며칠이 지나고 복습 문제를 채점하던 엄마는 급기야 뚜껑이 열리고 만다. 숫자 하나 바뀌지 않은 똑같은 문제를 여지없이 틀렸기 때문이다.

"야, 너 이리 와봐!"

아이의 변명은 똑같다. 아는 문제임에도 불구하고 실수로 틀렸다는 것이다. 그러나 정확히 말하면, 이 아이는 자신이 알고 있는 것과 모르는 것을 정확히 인지하지 못하고 있다. 알고 있는 것은 원래부터 아는 것이고, 모르는 것 역시 알고 있다고 생각하기 때문에 자신감은 넘치지만 그에 비해 성적은 오르지 않는 것이다.

모 방송사에서 방영했던 '0.1%의 비밀'이라는 프로그램이 있다. 이 프로그램은 전국 모의고사의 석차가 0.1% 안에 들어가는 800명의 학생들과 평범한 학생 700명을 비교하면서 두 그룹 간에 어떠한 차이가 있는지 밝히고자 했다. 그런데 여러모로 조사를 해보아도 0.1%에 속하는 친구들은 IQ도 크게 높지 않았고, 부모의 경제력이나 학력도 별반 다를 것이 없었다. 하지만 두 그룹을 명확하게 구분 짓는 뚜렷한 차이가 있었다.

두 그룹에게 서로 연관성이 없는 단어(예: 변호사, 여행, 초인종 등) 25개를 하나당 3초씩 모두 75초 동안 보여주었다. 그런 다음 얼마나 기억할 수 있는지 검사했는데, 피험자들은 검사를 받기 전 자신이 몇 개나 기억해낼 수 있는지 밝혀야 했다. 그 결과는 흥미로웠다. 0.1%의 학생들의 경우 그들의 예상과 실제 기억해낸 숫자 사이에 편차가 크지 않았다.

반면 평범한 학생들은 이 둘 사이의 차이가(더 많이 쓰든 혹은 적게 쓰든 간에) 훨씬 더 컸다. 더욱 재미있는 사실은 두 그룹이 기억해낸 단어의 수가 크게 다르지 않았다는 점이다. 즉 기억력 자체에는 큰 차이가 없지만 자신의 기억력을 바라보는 눈에 있어서는 0.1%의 학생들이 더 정확했다. 이 결과가 의미하는 바는 무엇일까? 바로 메타인지 능력의 차이다.[9]

어느 일터에서나 그렇듯 능력도 시원치 않으면서 거드름까지 피우는 팔로워들이 있다. 순간순간 위기는 잘 넘기지만 입으로만 일하기에는 한계가 따른다. 말로는 다 될 것처럼 얘기하지만, 막상 본인이 나설 만한 지식과 경험은 미천하다. 그들은 실력이 부족하기 때문에 리더를 제대로 도울 수 없을 뿐더러, 알고 있다는 착각이 상황을 객관적으로 파악할 수 없게 만든다.

그러나 탁월한 팔로워는 내가 무엇을 알고 있고, 무엇을 모르고 있는지 정확히 파악할 수 있는 메타인지 능력을 갖고 있다. 아는 것과 모르는 것에 대한 정확한 파악은 어디서부터 시작해야 할지, 어떤 부분을 보완해야 할지에 대한 선명한 지침을 제공한다.

메타인지 능력은 자기관리를 통한 실력 향상에 절대적인 요소이다. 메타인지 능력이 있는 팔로워는 겸손하고, 늘 배우려는 자세를 갖고 있으며 자신의 실력을 보완하기 위해 공들여야 할 부분을 정확히 파악할 수 있다.

탄탄한 실력으로 더 높이 도약하고 싶은가? 실력으로 다져진 존재감 있는 팔로워가 되고 싶다면 먼저 내가 무엇을 알고 있고, 무엇을 모르고 있는지부터 파악하자. 메타인지 능력, 그것이 당신을 실력 있는 팔로워로 도약시켜줄 특별한 비책이 될 것이다.

열린 마음

'삼인행필유아사三人行必有我師.'

세 명이 길을 가면 반드시 한 명의 스승이 있다는 뜻이다. 어린아이에 게도 배울 점이 있고, 꽃잎의 작은 떨림에서도 깨달음을 얻을 수 있다. 적어도 우리의 마음이 열려 있는 한, 어떤 것으로부터도 충분히 배울 수 있다.

실력을 연마하는 데 있어서 열린 마음만큼 중요한 것은 없다. 물을 빨아들이는 스펀지처럼, 열린 마음은 지식을 습득하고 내 것으로 만들어 지혜로 격상시키는 최고의 기술이다.

유대교 경전에 '가장 현명한 사람은 모든 것으로부터 배우는 사람'이라는 말이 있다. 배우려는 자세, 겸손한 태도가 곧 열린 마음이다. 탄탄한 실력으로 더 높이 도약하기 위해서는 먼저 어떠한 것에서든 배우겠다는 열린 마음을 가져야 한다.

얼마 전 신입사원을 채용했던 기업을 대상으로 지난 1년간의 신입사원 채용 만족도를 조사했더니, 100점 만점에 평균 59점의 평가가 나왔다. 가장 만족하지 못한 부분 1위는 '업무에 대한 지식'이었고, 2위는 '업무에 대한 열정'이었다.[10] 실력이 부족함에도 불구하고 부족한 실력을 보완하려는 마음마저 부족한 현실이 안타까울 뿐이다.

나는 일 년에 200회 이상의 강의를 다닌다. 그리고 해마다 2만 명 정도의 새로운 사람들을 만난다. 그럴 때마다 늘 드는 생각이지만, 어떤 강의든 청중의 열린 마음이 강의의 절반 이상을 차지한다. 물론 청중의 마음을 열기 위한 다양한 노하우와 비법을 동원하기도 하지만, 결국 청중의 마음을 열 수 있느냐 그렇지 못하느냐가 강의의 성패를 결정한다.

나름 다양한 경험을 해봤다고 생각하는 필자도 고생할 때가 있다. 대략 두 가지의 경우인데 첫 번째는 교육생들이 전날 음주를 하고 참석하는 아침강의이다. 새벽까지 이어진 술자리에 숙취로 힘들어하는 교육생들을 대상으로 강의해야 할 때가 종종 생긴다. 두 번째는 지나치게 마음을 닫고 강의에 임하는 사람들이다. 그들이 마음을 닫는 이유는 다양하다. 억지로 끌려왔거나, 업무에 시달리거나, 강사가 마음에 안 들거나, 권위적이거나 보수적인 성격을 가진 경우 등 다양하다.

그래서 필자는 늘 아이스브레이킹icebreaking(그룹 구성원들을 한 팀으로 형성하는 프로세스를 시작하도록 돕기 위한 퍼실리테이션 기법)과 진솔한 자기소개를 통해 청중의 마음을 열고, 겸손하고 유쾌하게 강의를 이끌기 위해 애쓴다. 이러한 노력에도 불구하고 아쉬운 마음이 드는 건 어쩔 수 없는 일이다. 만약 처음부터 마음을 열고 편견 없이 상대방의 이야기를 경청한다면 어떨까. 어디에서나 배울 것이 있다는 열린 마음으로 세상을 바라본다면 강의의 효과는 훨씬 커지고, 서로 배우고 느끼는 행복한 시간이 되지 않을까?

"사람들은 상황을 개선하려고 안간힘을 쓰지만 정작 자기 자신을 개선하는 데는 소홀하다. 그러므로 우리는 한계에 부딪칠 수밖에 없다."

리더십의 또다른 얼굴, 팔로워십

열린 마음이 있다면 제임스 앨런의 이 한마디에서 커다란 교훈을 얻을 수 있다. 실력 있는 팔로워가 되고자 한다면 먼저 마음을 열자. 어떤 것에서도 배우고자 하는 겸손함과 관대한 시선을 갖자.

인생은 마라톤이다. 출발선에서 조금 일찍 뛰어나간다고 결승선에 먼저 도착한다는 보장은 없다. 앞서가고 있다는 생각은 어디까지나 현재 시점에만 해당된다. 실력을 연마하는 만고불변의 법칙은 열린 마음이다. 그 어떤 것에서도 배울 수 있다는 마음이야말로 일취월장하는 실력의 보증수표이다.

디테일

"돼지 한 마리를 관리하는 원리와 4~5만 마리를 관리하는 원리는 크게 다르지 않다."

삼성의 창업자 고 이병철 회장이 자주 사용하던 말이다. 돼지 한 마리도 제대로 관리하지 못하는 사람은 그 이상을 관리할 수 없다. 작은 것을 소홀히 하는 사람이 어떻게 큰일을 이룰 수 있겠는가. 실력을 연마하기 위해서는 디테일에 강해야 한다. 작은 일도 소홀히 하지 않고 성심을 다해 매진할 때 실력은 향상된다.

신입사원이 회사에 입사해 가장 많이 하는 일 중 하나는 복사, 전화 받기, 인사하기 등이다. 부푼 꿈을 안고 입사했지만 현실은 실망 그 자체이다. 그런데 차이는 여기서 발생한다. 복사의 달인이 된 누군가는 그러한 작은 일을 통해 서서히 존재감을 드러낸다. 반면 또 다른 누군가는 복사는 자신의 능력에 비해 보잘 것 없는 일이라 판단하여 등한시하게 될 것이다. 사소한 일조차 제대로 해내지 못하는 그러한 사람들은 존재감도 덩달아 작아진다. 여러분이 상사라면 어떤 사람에게 보다 발전적인 일, 큰 일을 맡기겠는가? 복사를 대충하는 사람에게 신뢰를 가질 수 있겠는가?

작은 것을 놓치지 않는 사람, 디테일에 강한 사람이 결국엔 승리할 수 있다. 작은 것을 소홀히 하지 않고, 꼼꼼하게 챙기고, 정성스럽게 완수하는 사람은 하루하루 실력의 탑을 쌓을 수 있다. 돼지 한 마리도 제대로 관리하지 못하는 사람과는 근본적으로 다르다.

필자는 10년 동안의 직장생활에서 주로 해외 수출 업무를 담당했다. 그러는 사이 우수한 실적을 달성하기 위해서는 아주 작은 것에서 차이가 발생한다는 사실을 깨닫게 되었다. 현지로 출장을 떠나 바이어와 상담을 하고 계약서에 서명하고 기념사진을 찍는 일은 겉으로 드러난 피상에 불과하다. 그 이면에는 수없이 오고가는 이메일, 전화 통화, 다양한 자료 등이 존재한다. 만일 어느 것 하나 소홀히 한다면 바이어의 만족을 얻을 수 없고, 현지로 비행기를 타고 갈 일도 발생하지 않을 것이다.

내게는 사우디아라비아의 바이어와 꽤 괜찮은 거래를 성사시킨 경험이 있다. 무척이나 까다로운 고객이었는데 궁금한 점은 하루에도 대여섯 번씩 전화를 해서 물을 정도였다. 이메일도 자주 보내곤 했는데 그럴 때마다 필자는 신속하게 회신함으로써 성심껏 응대해주었다. 하지만 어쩐 일인지 날이 갈수록 질문의 양은 더욱 많아졌고 빈도도 높아졌다. 문제가 무엇인지 곰곰이 생각해 보았다. 문득 백문이 불여일견이라는 말이 떠올랐다. '그래! 궁금해하는 것은 모두 시각화하자.'

그날 이후로 필자는 바이어가 궁금해하는 것에 대해 그림을 그리거나, 도면으로 만들거나, 사진을 찍는 등 시각화하는 작업에 돌입했다. 그때만 해도 디지털 카메라는 흔한 장비가 아니었지만 장비를 구입하고 사용법을 익혔다. 그리고 회신할 때마다 사진을 첨부해주었다. 결과는 놀라웠다. 바이어의 궁금증이 풀린 것은 물론이거니와 필자의 회신에 감동을 받았다며 감사의 말을 전해왔다. 이후 거래는 일사천리로 진행되었고, 그는 가장 큰 거래량을 소화하는 고객이 되었다.

그 일을 계기로 나의 실력이 향상된 것은 말할 것도 없었고, 거래선 확대 전략은 더욱 힘을 받았다. 만약 내가 서신왕래라는 일상적인 일을 대충 처리했다면, 바이어의 이해를 돕기 위해 시각화라는 작은 부분을 놓쳤다면 결과는 어떻게 됐을까?

가랑비에 옷이 젖는 것처럼, 시냇물이 모여 강물이 되는 것처럼 우리의 실력도 작은 것에 성심을 다해 매진할 때 더욱 크게 성장한다. 탄탄한 실력으로 더 높이 도약하는 팔로워는 디테일에 강하다. 실력을 연마하는 만고불변의 법칙은 디테일이다.

실패 경험, 4:12:80의 법칙

이것은 고객에게 네 번 이상 권유했던 12%의 판매원이 전체 판매량의 80% 이상을 차지한다는 미국소매상협회NRGA, National Retail Goods Association의 조사 결과이다. 이쑤시개 하나를 팔더라도 네 번의 실패 정도는 각오해야 판매에 성공할 수 있다는 말이다.

누구나 성공을 희망한다. 특히 한국 사람들의 성공 욕구는 어느 나라보다도 강하다. 그래서인지 성공과 관련된 책이 시중에서 꾸준히 팔리고 있다. 여기에는 성공의 원리와 관련된 주의 사항이 하나 있다. 그것은 바로 성공에 대한 믿음, 긍정의 믿음이 마치 모든 꿈을 이루게 하는 도구인 것처럼 묘사된다는 점이다. 믿음이 부족하면 실패하고, 믿음이 강하면 성공할 수 있다고 말하는 것은 분명 문제가 있다. 성공은 종교가 아니다. 그러므로 믿음의 강약이 성공을 좌우한다는 이야기는 경계해야 한다.

감나무 밑에서 감이 떨어지기만을 무작정 기다린다면 어떻게 될까. 나무에 올라가서 직접 따거나 나무를 흔들어야 원하는 바를 얻을 수 있다. 믿음만으로는 결코 감을 떨어뜨릴 수 없다. 부딪쳐 보고 실패해 보고 경험해 봐야 성공의 노하우를 터득할 수 있다.

실력을 연마하는 만고불변의 또 다른 법칙은 실패해 보는 것이다. 실패 경험은 성공의 결과로 이어진다. 자기 분야에서 인정받는 사람치고 실패해 보지 않은 사람은 없다. 아이의 걸음마도, 자전거 타기도, 밥 짓기도 모두 실패를 경험해 봐야 제대로 해낼 수 있다. 탄탄한 실력을 원한

리더십의 또다른 얼굴, 팔로워십

다면 실패를 운명으로 받아들여야 하고, 실패에 관대해져야 한다.

영국의 심리학자 리처드 와이즈먼은 불확실성이란 특성에서 운 좋은 사람과 운이 없는 사람들 간의 차이를 발견한다. 운이 따르지 않는다고 생각하는 사람들은 항상 확실한 것만 찾고, 불확실한 상황에서는 자신을 노출시키지 않으려 했다. 도전할 만한 것보다는 남들이 먼저 겪어서 입증된 안전하고 확실한 것을 추구하려 했다. 최대한 실패하지 않는 방향으로 모든 초점을 맞추고 소극적으로 행동한다는 것을 알 수 있다.

반면 그에 비해 운이 좋은 사람들은 불확실성을 즐기는 특성이 뚜렷하다. 그들은 불확실성에 대해 관대한 입장이었으며 자발적으로 그런 상황을 만들기도 했다. 남들이 하지 않는 일을 찾아내고, 남들이 경험해 보지 못한 일을 좋아했다. 실패를 두려워하지 않고 오히려 성공의 필수 코스로 생각한 것이다.[11]

탄탄한 실력을 보유한 팔로워가 되는 길도 이와 동일하다. 실패가 두려워 소극적으로 행동하거나 될 만한 일만 찾아다닌다면 실력이라는 인생의 가장 확실한 밑천을 확보할 수 없다.

영업사원이라면 거절당하더라도 계속해서 시도해 보는 끈기가 필요하다. 4:12:80을 생각한다면 못할 일도 없다. 신입사원이라면 창피하더라도 물어보고 또 물어봐야 한다. 해보겠다는 의욕만 있다면 누가 뭐라 하겠는가. 될 때까지 반복해 보자. 남의 시선이 신경 쓰인다면 남몰래 연습하는 것도 요령이다. '달인'으로 유명한 개그맨 김병만 씨도 대사 울렁

증을 극복하기 위해 밤마다 인적이 드문 여의도 한강 둔치 쓰레기장에서 볼펜을 입에 물고 연습했다고 한다.

실력을 쌓기까지의 수많은 실패는 보약이고 필연이다. 실패 경험을 통해 터득한 노하우는 고스란히 실력으로 남게 된다. 실패를 회피하려는 사람들은 결코 넘볼 수 없는 당신의 실력을 실패 경험을 통해 연마하자.

Key Point

실력을 연마하는
만고불변의 법칙

메타인지

▶ 메타인지 능력이란 자신이 알고 있는 것이 무엇인지, 모르는 것은 무엇인지 정확히 아는 인지능력을 말한다. 실력으로 다져진 존재감 있는 팔로워가 되고 싶다면 먼저 내가 무엇을 알고 있고, 무엇을 모르고 있는지 정확히 파악하자.

열린 마음

▶ 실력 있는 팔로워가 되고자 한다면 먼저 마음을 열자. 어떤 것에서도 배우고자 하는 겸손함과 관대한 시선을 갖자. 인생은 마라톤이다. 출발선에서 조금 일찍 뛰어나간다고 결승선에 먼저 도착한다는 보장은 없다. 앞서가고 있다는 생각은 어디까지나 현재 시점에만 해당된다.

디테일

▶ 가랑비에 옷이 젖는 것처럼, 시냇물이 모여 강물이 되는 것처럼 우리의 실력도 작은 것에 성심을 다해 매진할 때 더욱 크게 성장한다. 탄탄한 실력으로 더 높이 도약하는 팔로워는 디테일에 강하다. 실력을 연마하는 만고불변의 법칙은 디테일이다.

실패 경험

▶ 4:12:80의 법칙.

고객에게 네 번 이상 권유했던 12%의 판매원이 전체 판매량의 80% 이상을 차지한다는 미국소매상협회NRGA. National Retail Goods Association의 조사 결과이다. 실력을 쌓기까지의 수많은 실패는 보약이고 필연이다. 실패 경험을 통해 터득한 노하우는 고스란히 실력으로 남게 될 것이다.

리더십의 또다른 얼굴, 팔로워십

7 「The world's worst advisors」(2008. 7. 21. Foreign Policy)

8 『창조적 전환』p.209~212 요약(2009. 한국경제신문 특별취재팀 · 삼성경제연구소)

9 '또 다른 지적능력 메타인지'(2011. 8. 29. 글: 김경일, 네이버캐스트)

10 2010. 5. 10일 자 인크루트 기사

11 『보이지 않는 차이』p.45(2010. 연준혁, 한상범, ㈜위즈덤하우스)

팔로워의 탁월함을 결정짓는 것은 진심 어린 조언이다. 리더의 의견에 반대를 일삼으며 충돌하거나, 반대로 조언할 만한 아이디어가 없어 결과적으로 리더의 잘못된 의견을 그대로 따르게 되는 경우가 흔히 발생한다. 어느 쪽이 되었건 효과적인 조언이 없을 경우에는 리더가 보다 훌륭한 결정을 내리도록 방향을 전환시킬 수 없다.

팔로워는 리더에게 조언을 함으로써 훌륭한 조력자 역할을 수행해야 한다. 탁월함에 도달하기 위해서는 과감하게 조언할 수 있어야 한다.

5장
대안제시
대안 있는 반대와 조언으로 탁월함에 도달하기

딕 모리스, 1% 팔로워는 조언을 한다

가짜 소고기를 묵인한 미트호프사의 팔로워들

나쁜 팔로워는 아첨으로 몰락한다

딕 모리스,
1% 팔로워는 조언을 한다

32세의 빌 클린턴을 아칸소 주지사로 당선시키고, 이후 42대 미국 대통령을 거쳐 르윈스키와의 스캔들을 극복하고 재임에 성공하도록 만든 지략의 파트너 딕 모리스. 정치 컨설턴트인 그는 클린턴 대통령과 고용인과 피고용인의 관계로 만났다. 그러나 딕 모리스는 클린턴의 성공에 있어 일등 공신이라 할 만큼 중요한 인물이었다. 그는 매 순간 효과적인 조언으로 클린턴의 명성을 더욱 빛나게 해주었다. 클린턴과 모리스의 인연은 그렇게 17년 동안 이어졌다.

딕 모리스의 조언은 늘 유효했고, 직설적이긴 했어도 진심 어린 것이었다. 그는 클린턴의 성공을 위해서라면 어떠한 조언도 아끼지 않았다. 특히 영부인이었던 힐러리 클린턴의 막강한 영향력으로 인해 국민들이 그를 미국의 대통령이 아닌 힐러리의 남편으로 인식하기 시작할 무렵 그의 조언은 더욱 힘을 발휘했다.

백악관의 참모들은 가급적 힐러리를 대중 앞에 등장시키지 않는 것이 유리하다고 판단했다. 그러나 이것은 대통령에 대한 힐러리의 영향력을 인정하는 한편 그녀의 대외적인 활동만 억제하는 임시방편에 불과했다. 반면 모리스는 그러한 방법은 오히려 국민들에게 힐러리는 역시 숨은 권력자라는 확신을 심어주게 될 것이라고 생각했다. 그는 힐러리의 역할을 재조정한 후 대중 앞에 더 자주 모습을 드러내며 그녀의 새로운 영역을 더욱 확고히 해야 한다고 조언했다. 고심하던 클린턴과 힐러리는 결국 그의 제안을 받아들인다. 선거자금 모금, 자선운동 등 든든한 지원군으로서 역할을 재정립한 힐러리 덕분에 이후 클린턴의 지지율은 큰 폭으로 상승한다.

팔로워의 중요한 임무 중 하나는 리더의 의견에 반대할 수 있는 용기를 넘어 리더가 잘못된 판단을 내리거나 위험에 처했을 때 적절한 조언을 함으로써 위기로부터 구하는 것이다. 그러므로 팔로워는 조언을 할 수 있어야 하고, 그 조언은 시의적절하며 유용해야 한다.

리더는 완벽한 존재가 아니므로 언제나 실수의 위험에 노출되어 있다. 리더의 실수는 감정, 상황, 실력, 경험의 차이 등 다양한 요인으로 인해 언제든지 일어날 수 있다. 이러한 상황에서 팔로워의 반대와 그에 따른 적절한 조언은 궤도를 이탈한 리더의 폭주를 견제하고 중대한 실수를 방지할 수 있도록 하는 훌륭한 도구이다.

리더의 의견에 반하는 조언은 팔로워의 입장에서 큰 부담이 아닐 수 없다. 그러나 리더가 자신의 결정을 재고할 수 있도록 적절한 조언을 통해 설득해나간다면 훌륭한 팔로워로서의 역할을 더욱 공고히 할 수 있다.

리더의 잘못된 결정, 동의할 수 없는 지시에 반대 입장을 표시하는 것은 당연하다. 그러나 팔로워의 탁월함을 결정짓는 것은 진심 어린 조언이다. 리더의 의견에 반대를 일삼으며 충돌하거나, 반대로 조언할 만한 아이디어가 없어 결과적으로 리더의 잘못된 의견을 그대로 따르게 되는 경우가 흔히 발생한다. 어느 쪽이 되었든 효과적인 조언이 없을 경우에는 리더가 보다 훌륭한 결정을 내리도록 방향을 전환시킬 수 없다.

팔로워는 리더에게 조언을 함으로써 훌륭한 조력자 역할을 수행해야 한다. 탁월함에 도달하기 위해서는 과감하게 조언할 수 있어야 한다. 대책도 없이 반대하거나 무기력하게 따라가기만 하는 부하보다는 훌륭한 조언을 통해 실질적인 도움을 주는 부하 직원이 진짜 팔로워다.

가짜 소고기를 묵인한
미트호프사의 팔로워들

일본 홋카이도 토마코마이에는 미트호프라는 식품가공 회사가 있었다.[12] 이 회사는 돼지고기와 닭고기를 섞어 만든 원재료를 100% 소고기인 것처럼 속여 폭리를 취해왔다. 오랜 세월 부정한 방법으로 이익을 남겨왔다는 사실이 발각되자 사장 타나카 미노루는 징역 4년의 실형 판결을 받았고 회사는 곧 파산했다.

놀라운 사실은 이러한 부도덕한 속임수가 모두 사장의 지시로 이루어졌고, 1990년대 중반 무렵에는 식품 위장을 위한 그룹까지 조직되었다는 점이다. 그 사이에도 사장의 지시로 부정한 행위는 계속되었고, 누구 하나 지시를 어기는 사람이 없었다.

사건의 전모가 세상에 드러나고, 기자회견 자리에 사장과 공장장이 나란히 섰다. 이때 한 기자가 공장장에게 다음과 같은 질문을 던졌다.

"당신은 왜 사장의 지시를 따랐습니까?"

돌아온 대답은 매우 짧았다. 그러나 그 대답은 모든 것을 함축하는 한 마디였다.

"그는 구름 위의 사람이니까요."

조직에 예스맨이 넘쳐나면, 그 조직은 결국 '노NO'로 흘러간다. 대안있는 반대가 존재할 때 조직은 객관적으로 현명한 방법을 선택할 수 있게된다. 물론 리더의 의견에 반대하는 일이 쉬운 것은 아니다. 이것은 뚜렷한 자기확신, 명확한 가치관, 조직을 먼저 생각하는 대의명분이 있을 때 가능하다. 만일 이런 요소들이 부족하다면 권위에 복종해야 하고, 불합리한 행동을 지지해야 하며, 조직의 위험을 방치한 나머지 자신 역시 실패의 길로 갈 수밖에 없다.

스탠리 밀그램의 실험을 들여다보자.[13] 이것은 예일대학의 조교수로 있던 밀그램이 1961년부터 1962년에 걸쳐 진행한 실험이다. 그는 먼저 신문광고를 통해 보통의 남녀를 모집한 후 지원자들에게 문제를 내는 교사의 역할을 맡겼다. 그리고 상대방이 문제를 틀릴 경우 그에 대한 벌칙으로 전기충격을 가하게 했다. 전기충격기의 스위치는 아주 미약한 15볼트에서 사망에 이를 수 있는 450볼트까지 여러 단계로 나뉘어져 있었다. 여기서 문제를 푸는 실험자는 돈을 받고 고용된 배우였다. 그들은 작동하지 않는 가짜 충격기에 앉아 지원자가 전기 스위치를 올릴 때

리더십의 또다른 얼굴, 팔로워십

마다 비명을 지르고 나뒹굴며 연기하도록 미리 지시받은 상태였다.

과연 지원자들은 실험자가 문제를 틀릴 때마다 전기충격기의 스위치를 눌렀을까? 만약 스위치를 눌렀다면 몇 볼트까지 작동시켰을까? 단, 지원자들은 실험에 참가할 때 그 실험을 주관하는 관계자들과 함께했다. 그들은 지원자들이 스위치 누르기를 망설일 때마다 다음과 같이 주어진 행동 역할을 유도했다.

"괜찮습니다."

"아무 일 없다니까요, 죽지 않습니다."

"어서 누르세요."

"계속해야만 합니다."

실험을 시작하기 전 밀그램과 실험 팀은 단 0.1%의 지원자만이 450볼트까지 스위치를 올릴 수 있을 것이라고 예상했다. 보통의 사람이라면 450볼트에 달하는 엄청난 고전압으로 상대방을 고통스럽게 하기란 쉬운 일이 아니기 때문이다. 사람이 죽을지도 모르는 극한 상황을 연출할 것이라고는 전혀 생각하지 않았다. 그러나 실험 결과는 놀라웠다. 실험에 참가한 지원자들의 65%가 최고 전압인 450볼트까지 전기충격을 가했다. 눈앞에서 실험자가 나뒹굴고 고함을 지르며 쓰러지는데도 그들은 계속해서 스위치를 눌렀다.

권위 앞에서 인간은 나약했다. 살고자 한다면 권위를 따라야 하고, 리더의 불합리한 명령도 속으로 삭혀야 한다. 왜냐고? 스탠리 밀그램의 실험을 보라. 65%의 사람들이 저토록 무자비한 짓을 하도록 만든 엄청난 권위의 힘을. 하지만 권위에 복종하지 않은 35%의 사람들에게도 주목할 필요가 있다. 그들이 불합리한 명령을 거부하고 권위에 따르지 않은 이유는 아주 간단하다. 그 일이 옳지 않다는 가치관과 자기확신이 뚜렷했기 때문이다.

리더의 잘못된 판단과 의견에 아니라고 말할 수 있는 용기는 초인적인 힘이 필요하지 않다. 선한 가치관과 자기확신만 살아 있다면 가능하다. 먼저 스스로를 전기 스위치를 누르는 사람 편에 놓을 것인지, 아니면 그것을 거부하는 쪽에 놓을 것인지부터 결정하자.

나쁜 팔로워는
아첨으로 몰락한다

대한민국 1대, 2대, 3대 대통령을 지낸 이승만 대통령은 고종 12년인 1875년에 황해도 평산에서 태어났다.[14] 어려서 한학漢學을 공부하다 고종 31년에 서울로 이주한 후 배재학당에 입학하여 수학했으며, 1895년 10월 일제가 을미사변을 일으켜 명성황후를 시해하자 국모를 시해한 원수를 갚고 친일적인 정권을 타도하기 위한 시위운동을 벌이다가 지명수배를 당한다.

1896년에는 서재필徐載弼이 조직한 협성회協成會·독립협회獨立協會에 가담하여 개화운동과 독립운동에 투신한다. 《협성회보》와 《매일신문》의 주필로 활약하고 만민공동회를 개최하는 등 독립사상 고취와 민중계몽에 앞장섰다.

1898년에는 정부 전복을 획책했다는 황국협회의 모함으로 독립협회

간부들과 함께 투옥되었고, 탈옥을 시도하다 사형선고를 받는다. 후에 종신형으로 감형되어 복역 중 1904년 민영환閔泳煥의 주선으로 석방되었다. 이해 겨울 고종의 밀서를 가지고 루스벨트Roosevelt, T. D. 미국 대통령을 만나 한국에서 일본의 침략을 퇴치하는 데 협조해줄 것을 호소하였으나 뜻을 이루지 못하고, 미국에 머물면서 조지워싱턴대학에 입학하여 1907년 졸업한다. 1908년 하버드대학에서 석사 학위를 받고, 1910년 프린스턴대학에서 철학박사 학위를 받았다. 1904년 타국에서 대학 공부를 시작해 6년 만에 세계적인 명문대의 석사, 박사 학위를 받을 만큼 뛰어난 두뇌와 능력을 갖고 있었다.

1919년 4월, 상해에서 대한민국 임시정부가 수립되자 초대 국무총리로 추대되었고, 1945년 광복을 맞아 10월에 귀국하였지만 민주 진영의 지도자로서 김구 선생과 노선의 차이를 보이며 대립각을 세운다.

1948년에는 제헌국회의원에 무투표 당선되어 초대 국회의장에 선출되었으며, 제헌 과정에서 내각책임제 헌법 초안에 강력히 반대하여 대통령제로 헌법이 제정되도록 하였다. 제헌국회에서 초대 대통령에 당선되어 8월 15일 대한민국 정부 수립과 함께 취임하였다.

일제강점기와 정치적 이데올로기를 지나 혼란과 격동의 시대에 대통령이라는 쉽지 않은 역할을 수행했던 이승만. 그러나 안타깝게도 그는 아름다운 마무리를 하지 못한 대통령, 독재와 부정선거로 몰락한 대통령, 대통령직에서 쫓겨나 하와이에서 쓸쓸히 생을 마감한 권력자로 기억된다. 국가와 국민을 위해 헌신하며 살고자 했던 그가, 어째서 국가와 국민으로부터 버림받으며 서글픈 추락의 끝을 경험해야 했을까?

그것은 바로 이승만을 둘러싼 아첨꾼 팔로워들, 진심 어린 조언을 하지 않는 팔로워들 때문이었다. 조언을 하기보다는 간언을 했던 팔로워들, 진심 어린 반대가 아니라 절대적인 찬성만 일삼았던 팔로워들이 대통령을 망치고, 국가를 망치고, 국민을 기만하고 결국에는 그들마저 파멸의 길로 들어서게 한 것이다.

이승만을 둘러싼 아첨꾼 팔로워들에 대한 웃지 못할 이야기 중 가장 잘 알려진 일화는 '각하, 시원하시겠습니다'일 것이다. 사실 이 일화는 다양한 형태로 각색되어 인구에 회자된 바 있다. 이승만 대통령이 각료들과 송도해수욕장에 갔을 때 생긴 일, 참모들과 낚시를 하다가 힘을 주는 바람에 생긴 에피소드, 국무회의 중에 벌어진 일 등 각종 설이 난무하다.

내용은 이렇다. 각료들과 함께한 자리에서 이승만 대통령이 방귀를 뀌게 되었다. 생리현상이니 누구나 하는 실수였지만 아첨하기를 좋아한 팔로워들은 각하의 방귀 소리마저 기회로 삼고 싶었던 모양이다.

"각하, 시원하시겠습니다."

이승만을 둘러싼 아첨꾼들 중에는 공개 석상에서도 대놓고 큰절을 올리거나 말끝마다 눈물을 흘린다고 해서 낙루장관(떨어질 낙, 눈물 루)이라는 별칭을 얻은 '신성모'가 있었고, 이승만의 말이 떨어질 때마다 '지당하십니다'를 연발해 '지당장관'이라는 별명을 얻은 '최인규', 그리고 부통령까지 지내며 가장 가까이에서 보필하던 '이기붕'이 있었다. 이기붕은 그의 아내 박마리아까지 대동하여 영부인 프란체스카의 비위를 맞추고 아첨을 떨었다.

한 국가의 각료였던 그들은 자신의 안위를 위해 대통령의 눈을 가리고, 귀를 막고, 세상 돌아가는 일을 외면했다. 누구 하나 진심 어린 조언을 하는 팔로워가 없었다. 국민보다는 각하에게 잘 보이는 일이 더 중요했다. 시내 곳곳에 이승만 탑이 세워지고, 80회 생일을 기념하는 우표가 발행되고, 곳곳에서 이승만 찬가가 울려 퍼졌다. 지식인이라고 할 수 있는 문인들조차 이승만을 찬양하는 축시를 지어 잡지에 실었다고 하니, 이승만 대통령도 말년에는 제대로 된 눈으로 세상을 바라볼 수 없는 상황에 이르게 됐는지도 모르겠다.

결국 4대 대통령 연임을 위해 부정선거가 자행되고, 4월 19일 국민들은 들불처럼 일어나 이승만 정권의 부패를 규탄하며 하야를 요구한다. 이후 이승만은 쓸쓸히 하와이로 쫓겨나고, 부통령 이기붕과 그의 가족들은 자살이라는 최후의 선택을 하게 된다.

이러한 일련의 역사를 통해 우리는 아무리 뛰어난 능력을 갖춘 리더라 할지라도 팔로워들이 진심 어린 조언을 하지 않을 경우 리더와 팔로워 모두 몰락의 길로 들어설 수 있음을 잊어서는 안 된다. 팔로워의 진심 어린 조언은 리더와 조직이 흔들리지 않도록 지탱해주는 든든한 버팀목이다.

뛰어난 조언을 구성하는 4가지 재료

무조건 반대가 아닌 대안제시

모든 반대에 반드시 대안이 있어야 할 필요는 없다. 그러나 무조건적인 반대는 상사의 입장에서 불필요한 고집이나 감정적인 반감으로 비춰질 수 있다. 특히 지속적으로 반대의 입장을 취하거나 찬성보다는 반대입장에 선 경우가 많은 때에는 명확한 이유뿐만 아니라 문제 해결에 도움이 될 만한 대안을 확보할 필요가 있다.

반대하는 다양한 이유를 만들어내는 것은 쉽다. 불만이 있으면 이유는 끊임없이 마음속에서 피어오르기 때문이다. 그러나 대안을 가지고 조언하는 일은 어렵다. 유용한 대안이 있다면 당신의 조언은 더욱 큰 힘을 얻을 수 있다.

그러나 대안 없는 반대를 계속할 경우 상사를 설득하는 데 실패할 뿐만 아니라 오히려 상사로 하여금 팔로워에 대한 불신을 초래하게 된다. 팔로워의 반대에 부딪친 상사는 그 반대가 대안 없는 반대일 경우 부하의 말에 귀를 기울이기보다는 팔로워들을 자신의 의도대로 끌고 가기 위해 더욱 집중할 확률이 높다.

1977년 정주영 회장이 전경련 회장에 취임하고 가장 먼저 한 일은 전경련회관 건립이었다.[15] 당시 우리나라 경제 단체 중 유일하게 자체 건물이 없어 셋방살이를 하던 곳이 바로 전경련이었다. 정 회장은 건설 전문가답게 직접 공사의 진척 사항을 챙겼다. 틈이 나는 대로 현장에 들러 세부 사항을 파악하며 현장 담당자들로부터 주 1회씩 직접 보고를 받았다고 한다.

이때 전경련 사무국 측에서 공사 책임을 맡고 있던 사람은 임원 1명과 부장 1명이었다. 이들에게는 정 회장에게 올리는 주례 보고가 여간 곤혹스러운 일이 아니었다. 한번 시작하면 끝을 봐야 하는 성격에다 전경련 회장 취임을 계기로 추진하는 회관 건립이었기 때문에 어느 때보다 정 회장의 관심이 각별했다.

이런 상황에서 공사 책임자들이 취할 수 있는 요령은 공사의 진척 계획을 가능하면 여유 있게 잡는 것이었다. 예상 완공 일자보다 일의 진행 속도가 빠르다고 생각되면 정 회장의 독려가 그만큼 줄어들 것이라고 판단했기 때문이다.

그러나 건설 현장에 관한 한 정 회장의 날카로운 눈을 피하기가 생각

리더십의 또다른 얼굴, 팔로워십

만큼 쉽지 않았다. 우여곡절 끝에 공사는 순조롭게 진행이 되었고, 어느 덧 완공을 1년 정도 앞둔 시점이었다. 여느 때와 다름없이 주례 보고를 하던 날이었다. 정 회장은 공사 진척 상황이 어느 정도 마음에 들었던 모 양이다. 그래서인지 평소와 달리 아주 여유로운 모습이었다. 이런 분위 기를 틈타 담당 임원이 공사의 진척 계획을 여유 있게 잡아 보고하였다. 계속해서 독려하는 정 회장의 요구에 요령껏 반대를 한 것이다.

"이봐, 이 계획에 의하면 공사 진척에 상당한 여유를 두고 있는데 무슨 특별한 이유라도 있는 건가?"

평소 같았으면 강한 어조로 다그쳐야 할 정 회장이 그날따라 상당히 부드러운 태도를 보였다. 담당자들은 지연 사유를 조목조목 설명하면서 정 회장의 독려에 반대하는 다양한 이유들을 늘어놓았다. 긴 이야기를 중도에 끊지 않고 끝까지 들어주던 정 회장은 고개를 끄덕였다. 공사 책 임자는 자신이 설명한 다양한 반대의 이유가 먹혀들었다고 생각했다. 하 지만 정 회장은 다음과 같이 회심의 한마디를 던졌다.

"듣고 보니 안 되는 이유를 참 많이 연구했군. 내일 다시 올 테니까 되 는 쪽으로 그만큼 연구해서 다시 보고해!"

담당자의 얼굴은 일순간 굳어버렸다. 다음 날 정 회장이 현장을 다시 찾았을 때, 공사 진척과 완공 시기를 앞당길 다양한 대안들이 쏟아져 나 왔다. 공사 일정이 대폭 앞당겨진 것은 말할 필요도 없었다.

대안을 제시하기 위해서는 문제 해결에 도움이 될 수 있도록 긍정적인 차원에서 접근해야 한다. 되는 방향으로 생각하면 문제를 대하는 시각이 넓어지고 부정적인 결론으로 이끌리지 않는다. 게다가 문제를 고민하면서 상사와 대화하거나 긴밀히 협의할 수 있다. 반면에 부정적인 마음은 반대하는 이유로는 적합하지 않다. 게다가 대안 없는 반대는 설득력이 약하다.

무조건 반대가 아닌 대안을 제시하자. 대안 있는 반대는 리더의 마음을 움직이고 팔로워의 의견에 큰 힘을 실어준다. 대안 있는 반대는 리더와 팔로워가 수직적인 관계에서 벗어나 서로 협의하고 조정하며 올바른 방향을 탐색할 수 있는 동반자의 관계를 형성하는 디딤돌이 된다.

상사의 의중과 핵심 메시지 찾기

대안을 갖고 제안을 하기 위해서는 먼저 상사의 의중을 파악하고 상사가 하고자 하는 말의 핵심을 이해해야 한다. 만일 지레짐작으로 파악하거나 막연한 느낌만으로 일을 추진한다면 제대로 된 대안을 준비할 수 없을 뿐더러, 준비한다고 하더라도 상사의 의중과 동떨어질 확률이 높다.

"김 부장, 크게 부담 갖지 말고 미국 바이어 한번 만나고 와."

"예? 가서 뭐 특별히 할 말도 없는데요."

"그러니까 부담 갖지 말고 다녀오라는 거 아냐. 바이어 한번 만나 보고 얼굴도장만 찍고 와. 부담 갖지 말라니까."

"그래도 무턱대고 갔다간 괜히 출장비만 날릴 텐데요."

"이 친구 참 걱정도 팔자네. 얼굴도장 찍는 것도 비즈니스니까 다녀오라고. 정 그러면 지난달 출시된 신제품 샘플이나 하나 들고 가든지."

"그게, 아직 그 제품은 완성된 영문 매뉴얼이 없는데 너무 서두르다보면……."

"그래, 그럼 바람만 쐬고 와. 아무튼 일정 잡아서 나한테 보고하도록 해."

김 부장은 영 마음이 찜찜하다. 눈칫밥 경력만 20년이니 느낌이 왠지 불안하다. 어떻게 해야 할까 고민하는 사이 며칠이 지나고, 사장님이 다시 묻는다.

"출장 계획은 다 잡았나?"

조금 더 지체했다가는 큰일 나겠다 싶어 부리나케 항공권과 호텔을 알아보지만 미국의 추수감사절이 겹쳐 구하기가 쉽지 않다. 아무래도 이번 출장은 좀 미루는 것이 좋을 듯하다.

"사장님, 알아봤는데 미국의 추수감사절 때문에 일정 잡기가 너무 어렵습니다. 다음 달로 미루는 것이……."

"아니, 왜?"

"아, 그게 좀. 며칠 만에 항공권이 바닥나서요."

"자네가 부정적으로 생각하고 반대를 하니까 항공권도 바닥이 난 거야. 아직도 내 의중을 그렇게 모르겠나?"

이런 황당한 경우가 또 있을까. 김 부장은 뭔가로 뒤통수를 한 대 얻어맞은 기분이다. 뭔가 꺼림칙하다 했더니, 결국 일이 이렇게 되고 말았다.

과거에 필자가 경험했던 상사 중 한 분은 이렇듯 본인의 의중을 드러내지 않은 채 애매모호하게 지시하는 독특한 스타일이었다. 그리하여 많은 부하 직원들이 곤란을 겪은 적이 한두 번이 아니었다. 그런데 A 본부장은 조금 달랐다. 그는 상사의 의중과 핵심 메시지를 찾아내는 데 선수였다. 상사의 애매모호한 지시에도 당황하지 않고 오히려 그것을 명쾌한 지시로 바꾸어 놓았다.

"A 본부장, 부담 갖지 말고 이번에 미국 한번 갔다 와."

"예, 이왕 가는 거 하나라도 건져오겠습니다."

"부담 없이 다녀오라니까 뭘 건져 건지긴. 그냥 바람 쐬고 온다고 생각해."

"아닙니다. 바이어를 만나면 지난달 출시된 신제품을 보여주고 거래를 이끌어내겠습니다."

"뭐 그렇게 하든가. 이왕 가는 거 거래까지 따내서 나쁠 건 없지."

"예. 그럼 방문 스케줄과 상담 자료 등을 준비해서 보고 드리겠습니다."

"그래, 수고해."

A 본부장에게 출장을 권유한 상사의 진의는 다음과 같았을 것이다.

"신제품도 나왔으니 얼른 미국의 거래선을 만나 거래를 성사시켜라. 하지만 마음은 편하게 먹고 가라."

A 본부장은 상사의 의중을 파악하고 그가 원하는 대로 자료를 준비하고 계획을 세운다. 그리고 출장 준비를 하는 과정에서 발생하는 예상치 못한 문제나 어려움에 대해서는 나름의 대안을 갖고 조언을 구한다.

"사장님, 자료 준비는 다 됐습니다만 스케줄을 점검하다 보니 비행기 편과 호텔 예약이 어려운 상황입니다."

"그래? 이거 참 아쉽네. 다른 방법이 없을까?"

"우선 미국 바이어와 통화를 했습니다. 신제품 샘플을 우편으로 보내주면 추수감사절이 끝난 후 사장님과 함께 방문했을 때 긍정적으로 검토해 보겠다고 합니다."

"나와 함께 방문하라고?"

"예. 이번 추수감사절이 끝나고 다음 달 12일에 저와 함께 방문하시는 것이 가장 좋을 듯합니다."

"그래, 그럼 다음 달 12일에 방문하도록 일정을 다시 잡도록 해. 수고하게나."

팔로워는 대안을 제시하거나 조언을 하기에 앞서 반드시 상사의 의중과 지시하는 바의 핵심 메시지를 파악해야 한다. 만일 제대로 된 의중을 파악하지 못한다면 엉뚱한 대안을 제시하거나, 안 하느니만 못한 조언을 하게 될 수 있다.

대안을 제시하기 위해서는 상사의 의중과 핵심 메시지를 면밀히 파악하자. 겉으로 드러난 문구가 아니라 그 안에 숨은 진짜 뜻을 찾아내자.

상사의 의중과 핵심 메시지 파악을 위한 유용한 팁

• 경청

그 사람이 누구인지를 알고 싶거든 그 사람의 말에 집중하자. '우리 상사는 원래 이런 스타일이니까. 늘 이런 식으로 표현하니까.' 하면서 선입견을 갖고 건성으로 듣지 말자. 한번 말이 시작되면 한 시간을 넘기더라도 끝까지 듣자.

우선은 주의 깊게 듣는 태도가 중요하다. 상대방의 말을 주의 깊게 듣는 경청은 그 사람의 마음 상태와 의중을 파악하는 데 매우 유용한 도구이다. 상대의 의중을 파악하려면 상대방의 말 속에서 그 사람의 참모습을 볼 수 있어야 한다.

• 메모

듣는 것만 반복하다 보면 어느새 지루해질 수 있고, 상사에 따라서는 같은 말을 반복하는 사람도 있게 마련이다. 이럴 경우에는 아무리 경청하고자 하는 마음으로 임하더라도 쉽게 피곤해질 수 있다. 그러므로 메모를 하면

리더십의 또다른 얼굴, 팔로워십

서 듣자. 메모하는 부하 직원 앞에서 상사는 조리 있게 말하게 되고, 스스로 핵심 메시지를 강조하게 된다. 그러므로 진지하게 메모하라. 메시지를 뽑아내며 메모하라.

• 질문

경청을 하면서 메모하는 것은 다분히 수동적인 태도이다. 메모하고 듣는 것만으로는 상사의 의중을 파악하기 어렵다. 그러므로 듣고 메모한 내용을 토대로 질문을 하자.

부득이한 경우에는 상사의 말을 잠시 끊고 양해를 구해도 좋다. 경청하고 메모하는 올바른 태도를 가진 부하가 질문한다고 해서 기분 나빠 할 상사는 어디에도 없다.

• 확인

경청, 메모, 질문을 통해 상사와 주고받는 대화로 대부분의 의중과 핵심 메시지는 파악된다. 그렇다고 해서 안심하기에는 이르다. 확인을 통해 상사의 의도를 정확히 파악하는 것이 필요하다.

"다음 달 말일까지 보고서 작성을 마치고, 이번 달 30일까지의 시장조사 결과를 종합 정리하라고 지시하신 사항에 대해 확인하고 싶습니다."

이제 상사는 자신의 의도와 핵심 메시지를 제대로 파악한 팔로워를 신임하게 될 것이다. 확인 과정을 통해 상사 본인도 전달하고자 한 메시지를 분명히 할 수 있고, 부하 또한 올바른 방향으로 일을 추진할 수 있게 된다.

• 피드백

확인을 통해 상사의 의중과 핵심 메시지가 파악됐다면 다음은 피드백이다. 피드백은 보고와 상담을 통해 가능하다. 상사의 의중을 파악했다 하더라도 중간 중간에 준비된 자료나 상황을 상사에게 보고하지 않으면 무용지물이다. 부하는 상사에게 상황을 보고하면서 새로운 대안을 제시할 수도 있고, 조언을 할 수도 있다.

상담 역시 중요하다. 상사의 도움 없이 일사천리로 일을 진행하기는 쉽지 않다. 그러므로 상사에게 상담을 요청하고 도움을 청하라. 그 과정에서 상사와 의견을 교환하게 되고 그의 도움으로 일이 진행되면서 상사 역시 큰 만족감을 얻을 수 있다.

의존이 아닌 확인

상사에게 대안을 제시할 때 반드시 주의해야 할 사항이 있다.

"방법을 알려주시면 그대로 하겠습니다."

이는 의존에 의한 껍데기 대안에 불과하며 사람들이 흔히 하는 실수이기도 하다. 대안을 제시하면 상사가 싫어하지는 않을까, 잘난 척으로 오해받지는 않을까 걱정하여 이런 식의 말을 하게 된다. 그러나 일을 옳은

리더십의 또다른 얼굴, 팔로워십

방향으로 추진해야 한다는 공감대만 있다면 크게 걱정할 필요는 없다. 주의해야 할 점은 상사의 감정이 아니라 어떤 방식으로 대안을 제시하는가이다.

우선은 여러 가지 대안을 생각하고 정리한 후 그것에 대한 나름의 의견과 이유를 더해서 상사에게 제시해야 한다. 그러면 상사는 그 대안에 자신의 견해를 더해 더 나은 방향의 결정이 될 수 있도록 자연스럽게 부하와 상의하게 된다. 그야말로 팔로워가 제안한 대안을 기초로 검토하고 확인하는 일이 가능해진다. 그러나 대안 없는 의존만으로 접근한다면 상사는 부하의 대책 없는 의존에 놀라게 되고, 무능함에 다시 한번 놀라게 될지도 모른다.

만일 여러분이 상사라면 대안을 들고 오는 부하와 이야기하고 싶은가 아니면 밑도 끝도 없이 알려주면 그대로 따르겠다는 부하와 이야기하고 싶은가? 훌륭한 팔로워는 의존이 아닌 확인의 방향으로 대안을 제시한다.

간단한 사례를 통해 대안을 제시하는 팔로워와 그렇지 못한 팔로워의 차이를 비교해 보자. 납품 단가와 품질 두 가지를 모두 고려해서 가장 좋은 조건을 제시하는 업체를 물색해야 하는 상황이다. 그런데 품질과 가격 두 마리 토끼를 잡기가 생각보다 만만치 않다. 이때 팔로워 A와 B의 대안제시 방법을 한번 살펴보자.

두 사람은 모두 업체 후보를 3개로 압축하여 각각의 장점과 단점을 정리했다. A는 자신이 보기에 그중 2개의 업체가 괜찮을 것으로 판단하여 이를 상사에게 보고한다.

"여기 2개의 업체는 품질 면에서 강점이 있기 때문에 품질이 떨어지면서 가격이 낮은 다른 한 곳보다 사후 관리 측면에서 장기적으로 저희에게 유리하다고 판단했습니다. 이에 적절한 의견을 주시면 큰 도움이 될 것 같습니다."

B는 다음과 같이 제시한다.

"후보 업체를 3개로 압축했습니다. 두 곳은 품질이 우수하고 한 곳은 가격 조건이 아주 좋습니다. 살펴보시고 판단해주시면 그대로 따르겠습니다."

언뜻 보면 큰 차이가 없는 듯하지만 A는 품질이 좋은 2개 업체 중 하나를 선택하는 것이 유리하다는 자신의 의견과 판단을 더해 상사에게 자신의 대안에 대한 검토와 확인을 요청하였다. 반면 B는 대안 없이 상사의 의견과 판단을 기다리고 있을 뿐이다. 이런 식의 대안제시는 상사의 업무 부담을 가중시키고, 불필요한 대화를 증가시켜 시간과 노력의 낭비를 초래한다. 자칫 상사와 부하 간의 오해와 갈등이 발생할 수도 있다.

모두 펼쳐 놓고 그중에 하나만 골라주기를 기다리는 팔로워는 탁월함에 도달할 수 없다. 탁월한 팔로워는 의존이 아닌 확인의 대안제시를 한다.

감성에 호소하기

상사에게 조언하거나 대안을 제시할 때 주의해야 할 점이 또 있다. 인간은 감정의 동물이라는 사실이다.

"담배는 건강에 해롭습니다. 흡연은 폐암 발생의 결정적 요인입니다. 건강과 장수를 원한다면 담배를 끊는 것이 이상적입니다."

너무나 타당한 말이다. 게다가 수많은 의학보고서는 담배가 폐암의 직접적인 원인임을 증명하고 있다. 하지만 사람들은 여전히 담배를 피운다.

"이 대안을 취하시면 원가가 20%나 절약됩니다. 객관적인 수치가 제 주장을 증명하고 있습니다. 주저하실 이유가 없다고 봅니다."

원가를 20%나 절감할 수 있는 데이터를 손에 들고 부하 직원이 당신에게 조언한다. 자신의 제안을 선택하는 것이야말로 이성적이며 합당하다고 주장한다. 누가 봐도 합리적인 제안이지만 조금의 주저도 없이 이를 받아들일 상사가 과연 몇이나 될까? 오히려 '이런 건방진 사람, 말하는 투가 왜 그래? 그렇게 잘났어?'라고 생각하며 반감으로 일관하는 상사들도 있을 것이다. 왜 그럴까? 정확한 데이터와 객관적인 자료는 설득을 위한 중요한 도구가 아니던가? 옳은 말이다. 그러나 이성에만 호소한다면 감성이라는 거인이 상사의 판단을 마비시킬지 모른다.

그렇다면 어떻게 조언과 대안이 상사에게 제대로 전달되도록 감성에 호소할 것인가?

첫째, 우선 인정하라. 상사의 지시나 요구 사항이 다소 무리가 되더라도 "말씀하신 내용을 잘 알겠습니다. 저 역시 옳다고 생각합니다"라고 하면서 상사의 의견을 인정해야 한다. 그렇지 않고 "저는 그렇게 생각하지 않습니다. 왜 그렇게 해야 하죠?"라고 곧바로 반대 의견을 내세운다면 그릇이 웬만큼 큰 상사가 아니고서는 바로 부정적인 감정이 발생할 수밖에 없다. 그러므로 우선 상사의 감정을 존중하고 인정하라.

둘째, 플러스 대안을 제시하라. 고민이 되는 부분은 대안제시를 통해 상사를 설득해야 한다. 여기서 조언과 대안이 상사에게 제대로 전달되도록 하려면 가급적 상사의 생각이나 의도에 플러스가 되는 것이어야 한다. 상황에 따라 플러스 대안을 제시하기 어려운 경우도 있지만, 방향을 어떻게 잡느냐에 따라 설득력 있는 대안으로 바뀔 수 있다. 앞서 살펴본 정주영 회장의 경우 그에게 주례 보고를 하던 책임자가 다음과 같이 플러스 대안을 제시했다면 어땠을까?

"회장님의 말씀대로 공사의 진척 속도를 높이는 방향으로 검토해 보았습니다. 그런데 한 가지 부탁이 있습니다. 야근을 지속적으로 하다 보니 인부들의 체력이 고갈되어 안전사고 위험이 높아지고 있습니다. 현장에 수면실과 간이 목욕탕을 좀 더 확장하도록 허락해주신다면 완공 시일을 앞당기는 데 큰 도움이 될 듯합니다."

조언과 대안이 상사에게 제대로 전달되기 원한다면 상사의 생각이나 의도에 플러스가 되는 대안을 준비해 보자. 상사를 인정하고, 상사에게 도움이 되는 대안이라면 그것이 받아들여질 확률은 생각보다 높다.

셋째, 긍정의 표현을 사용하라. 팔로워의 조언과 대안이 상사에게 제대로 전달되도록 하려면 '안 됩니다', '못하겠습니다', '힘들다고 봅니다', '어렵습니다'와 같은 부정적인 표현을 사용하기보다는 '해보겠습니다', '도움을 주십시오' 등 긍정의 표현에 메시지를 실어 보내는 편이 전달력이 훨씬 높다. 어떤 메시지든 그 말을 꾸며주는 말, 문장이 중요하다.

"월말까지 그 일을 끝내기에는 힘들다고 봅니다. 인력을 충원해주시면 모를까 현재로서는 불가능합니다."

인력 충원이라는 대안을 제시했지만 부정적인 표현에 메시지를 실었다.

"월말까지 해보겠습니다. 대신 인력을 충원해주십시오."

이는 인력 충원이라는 대안을 긍정적인 표현을 빌려 전달한 문장이다. 어느 쪽의 조언과 대안이 상사에게 전달될지는 고민해 볼 필요도 없다.

뛰어난 조언을 구성하는 4가지 재료

무조건 반대가 아닌 대안제시

▶ 대안 있는 반대는 리더의 마음을 움직이고 팔로워의 의견에 큰 힘을 실어준다. 대안 있는 반대는 리더와 팔로워가 수직적인 관계에서 벗어나 서로 협의하고 조정하며 올바른 방향을 탐색할 수 있는 동반자의 관계를 형성하는 디딤돌이 될 것이다.

상사의 의중과 핵심 메시지 찾기

▶ 팔로워는 대안을 제시하거나 조언하기에 앞서 반드시 상사의 의중과 지시하는 바의 핵심 메시지를 파악해야 한다. 만일 제대로 된 의중을 파악하지 못한다면 대안은 엉뚱한 것이 될 수 있고, 조언은 안 하느니만 못한 것이 될 수 있다.

의존이 아닌 확인

▶ 탁월한 팔로워는 의존이 아닌 확인의 대안제시를 한다. 여러 가지 대안을 생각하고 정리한 후 그것에 대한 나름의 의견과 이유를 더해서 상사에게 제시하는 것이 좋다.

감성에 호소하기

▶ 상사에게 조언하거나 대안을 제시할 때 주의해야 할 것이 또 있다. 인간은 감정의 동물이라는 사실을 잊지 않는 것이다. 이성에만 호소해서는 감성이라는 거인이 상사의 판단을 마비시킬지 모른다.

조언과 대안이 상사에게 제대로 전달되도록 감성에 호소하는 방법

첫째, 우선 인정하라.
둘째, 플러스 대안을 제시하라.
셋째, 긍정의 표현을 사용하라.

12 『리더십&팔로워십』 p.31(2009. 요시다 덴데, 멘토르)
13 『스키너의 심리상자 열기』 p.51~60(2004. 로렌 슬레이터, 에코의서재)
14 『한국사 기초사전』(2011. 한국학 중앙연구원)
15 『정주영, 이봐 해봤어?』 p.161~163(2007. 박정웅, FKI미디어)

직장생활은 결코 만만하지 않다. 100% 즐기면서 할 수도 없다. 그러므로 어느 정도 인내의 시간과 의지가 반드시 필요하다. 그만두고 싶다는 충동과 인내하는 것은 미련한 짓이라는 착각, 적당히 일하자는 타협과 지금보다 더 좋은 조건이 기다리고 있다는 막연한 기대는 나를 유혹하는 한 조각의 마시멜로다.

한 조각의 마시멜로를 선택하는 것은 당신이 가질 수 있는 더 큰 성공을 포기하는 어리석은 행동일 뿐이다. 당신의 실력과 헌신을 몰라준다고 원망하거나 여기저기 떠벌리고 다니며 불평하지 말자. 미래의 큰 성공을 위해 조금은 인내하자. 그렇게 하면 당신의 실력은 성장하고 당신은 조직에서 인정받을 것이다.

Followership

6장
헌신
역할에 헌신하며 똑똑하게 일하기

리더를 따르는 것이 리더가 되는 첫 단추

김재소와 이창업 그리고 삼성

유비와 유선에게 보여준 제갈공명의 헌신

「군주론」보다 앞선 카스틸리오네의 「궁정론」

리더를 따르는 것이
리더가 되는 첫 단추

아리스토텔레스는 '남을 따르는 법을 모르는 사람은 결코 좋은 지도자가 될 수 없다'고 했다. 이처럼 우리는 리더가 되기 위한 올바른 과정으로 리더를 따르는 연습을 먼저 할 필요가 있다. 리더를 따른다는 것은 리더의 말에 절대 복종하며 리더가 원하는 대로 움직이는 로봇이 되어야 한다는 의미가 아니다. 리더가 원하는 바를 이해하고 리더를 도우며 성심성의껏 일함을 의미한다.

부모를 공경할 줄 모르는 자식은 결코 훌륭한 부모가 될 수 없으며, 스승을 업신여기는 제자는 존경받는 스승이 될 수 없다. 리더를 제대로 보필하지 않던 사람이 리더가 된 이후 부하들로 하여금 자신을 따르도록 강요한다면 그들은 뜻대로 움직여주지 않을 것이다. 권위와 지위를 이용해서 강요할 수 있을지는 몰라도 자발적 충성을 이끌어내기는 어렵다.

워렌 베니스는 『위대한 이인자들』에서 중국의 위대한 지도자 마오쩌둥을 만든 사람은 그의 든든한 팔로워 저우언라이였음을 강조한다. 마오쩌둥과 저우언라이는 정치적 동맹으로 인연을 시작한 이후, 각각 중국의 지도자와 총리로서 40년 이상 돈독한 관계를 이어나갔다. 그리고 오늘날 마오쩌둥의 훌륭한 팔로워였던 저우언라이는 중국인들이 가장 존경하는 리더로 추앙받고 있다.

전 미국 국무부장관 헬리 키신저는 '저우언라이는 공자와 같은 인물이며, 60년의 공직생활 동안 그보다 더 강렬한 인물을 만난 적이 없었다'고 칭송했다.

저우언라이는 마오쩌둥과 위대한 협력관계를 맺은 중국 혁명의 동반자였다. 1939년 두 사람은 연합을 맺고 역사적인 승리를 거머쥔다. 1949년 10월 1일에는 중국 인민공화국의 정부수립을 이루어냈으며 그 결과 마오쩌둥은 중국의 지도자가, 저우언라이는 총리가 되었다.

54세의 투박하고 거칠며 세속적인 마오쩌둥에게는 세계 지도자들이 지니고 있는 세련된 교양미를 찾아보기 힘들었다. 그러한 덕목을 지닌 사람은 단정하고 풍채 당당한 저우언라이였다. 저우언라이는 검은 머리, 강렬한 눈빛 그리고 조각같이 잘생긴 외모를 지니고 있었다.

그러나 분명한 점은 마오쩌둥은 중국의 막강한 지도자였고, 저우언라이는 그의 충성스러운 팔로워였다는 사실이다. 그렇게 어울리지 않는 두 사람이 30년 가까이 마오쩌둥은 국가의 주석으로서 그리고 저우언라이는 총리 겸 외무부장관으로서 훌륭한 협력을 이루어냈다.

하지만 처음부터 두 사람의 협력관계가 계속되리라고 예상한 사람은 많지 않았다. 가난한 농부의 아들로 태어난 마오쩌둥 그리고 귀족 집안의 자제로 태어난 저우언라이. 두 사람의 성장배경과 활동경력 그리고 성격은 너무도 달랐기 때문이다. 후세의 사람들은 둘 사이의 관계가 공고히 유지될 수 있었던 요인으로 저우언라이의 뛰어난 팔로워십에 주목한다.

그가 리더를 따르고 리더와 뜻을 같이하며 적극적으로 도왔기 때문에 마오쩌둥 또한 저우언라이를 신임하고 그에게 막강한 권한을 부여했던 것이다. 만일 그가 동맹 초기부터 마오쩌둥을 리더로 인정하지 않거나 제대로 따르지 않았다면 오늘날 우리가 알고 있는 중국의 총리이자 존경받는 리더, '저우언라이'는 존재하지 않았을지도 모른다.

리더십의 또다른 얼굴, 팔로워십

김재소와 이창업
그리고 삼성

우리나라를 대표하는 기업, 삼성의 창업주는 고故 이병철 회장이다. 그분의 남다른 능력과 지혜에 관한 이야기는 익히 들어 알고 있지만, 오늘날의 삼성그룹으로 성장하기 전 이병철 회장이 재기하는 데 있어 훌륭한 조력자가 그의 곁에 있었다는 사실은 널리 알려져 있지 않다.

과거 이병철 회장이 6·25 한국전쟁 때 겪었던 일화를 살펴보건대 만일 그의 곁에 훌륭한 팔로워가 없었다면 오늘날 삼성그룹은 존재하지 않았을지도 모른다.

대구에서 양조장 사업을 하던 이병철 회장은 자신이 신뢰하는 김재소와 이창업에게 양조장 경영을 맡기고 서울로 상경한다.[16] 이병철 회장은 종로에 삼성물산공사를 설립하고 무역업을 시작했는데, 이후 무역업 분야에서 10위권 안에 들어갈 만큼 사업이 크게 확장되었다. 그러나 위기는 전혀 예상하지 못한 곳에서 찾아왔다.

1950년 한국전쟁은 이병철 회장의 사업 기반을 송두리째 앗아갔다. 북한군이 삽시간에 서울을 함락했고 이병철 회장의 모든 재산은 압류당했다. 가족들의 목숨이 붙어 있는 것만으로도 다행이라고 생각할 정도였다. 이후 서울에서 상황이 좋아지기만을 기다리던 이병철 회장은 결국 1·4후퇴 때 서울을 떠나기로 결심하고, 회사와 집 그리고 모든 재산을 빼앗기고 알거지가 된 채 몸만 대구로 향한다.

대구에 도착하자 양조장의 운영을 맡고 있던 김재소와 이창업은 이병철 회장을 기다리고 있었다. 두 사람은 이병철 회장에게 느닷없이 돈 3억 원을 건네며 말했다.

"그동안 양조장을 운영하며 이익금을 차곡차곡 모아두었습니다. 부산에서 다시 사업을 시작하십시오. 이 돈으로 재기하십시오."

그들은 전쟁 중에도 양조장을 폐쇄하지 않고 사업을 이어가며 이병철 회장을 기다렸다. 그리고 이병철 회장이 사업을 할 수 있도록 재기 자금 3억 원을 건네며 적극적으로 도왔다. 이때 건넨 3억 원은 1952년 삼성그룹의 모태인 삼성물산을 설립하는 자본금이 되었고 현재의 삼성그룹 전체가 존재하게 된 귀중한 씨앗이 되었다. 오늘날 삼성이 인재 경영을 강조하는 이유도 알고 보면 그들의 역사와 경험으로부터 나왔다고 할 수 있다.

만일 김재소와 이창업에게 팔로워십이 없었다면 그들은 전쟁 통에 양

리더십의 또다른 얼굴, 팔로워십

조장을 폐쇄하고 3억 원을 서로 나눠 가졌을지도 모른다. 이병철 회장은 이 일을 두고 다음과 같이 회고했다고 한다.

"설사 그들이 사업을 잘못 운영하여 손해를 보았다고 해도 책망할 수는 없는 상황이었습니다. 더구나 전쟁 중이었지 않습니까? 이익을 올렸다고 해도 그동안의 이익을 한 푼도 착복하지 않고 유보해두었으리라고는 생각하지 못했습니다. 기대 자체가 무리인 상황이었죠. 그런데 그들은 그렇게 해주었습니다. 나는 정말로 인복이 많은 사람입니다."

이처럼 거대한 기업을 일으키는 바탕에는 뛰어난 리더뿐만 아니라 그에 못지않은 훌륭한 팔로워들의 헌신과 노력이 있어야 한다. 만일 이들의 팔로워십이 없었다면 지금의 삼성도 결코 존재하지 못했을 것이며 이병철 회장의 성공 신화도 6·25전쟁과 함께 사라졌을지도 모른다.

유비와 유선에게 보여준
제갈공명의 헌신

삼국지를 모르는 사람은 거의 없다. 초등학생 시절에는 만화로 접하며, 성인이 되어서 읽는 대하소설은 몇 번을 봐도 좀처럼 질리는 법이 없다. 삼국지는 삶에 필요한 처세와 인간관계 그리고 지혜와 교훈을 담은 동양의 대표적인 스토리텔링 고전이다.

삼국지는 위·촉·오 삼국의 천하 쟁탈전을 이야기로 엮은 것인데 유비, 관우, 장비 그리고 제갈공명의 촉나라가 조조의 위나라와 맞서 싸우는 내용이 주를 이룬다. 유비를 중심으로 한 세 명의 의형제가 맺은 끈끈한 우정은 읽는 이의 심금을 울린다. 그러나 역사적으로 볼 때 유비에게 마지막까지 충정을 다한 사람은 다름 아닌 '제갈공명'이다.

삼고초려로 불리는 유비의 끈질긴 구애에 제갈공명이 뜻을 같이하기로 한 일화는 널리 알려져 있다. 당시 유비의 나이는 47세였고, 이름이

리더십의 또다른 얼굴, 팔로워십

알려지기는 했으나 근거지가 없어 지인에게 얹혀살던 처지였다. 삼국 통일은커녕 당장 자신의 앞날을 걱정해야만 하는 상황이었다. 한마디로 뜻은 있으나 어찌해 볼 도리가 없는 초라하기 그지없는 상태였다.

반면 제갈공명은 일찍이 준재로 명성이 높아 젊은 지식인 사회의 대표 주자였을 뿐만 아니라 국가 경영과 치세에 관한 실용적 학문에도 뛰어났다. 또한 제갈공명의 처가는 지역에서 알아주는 명문가여서 지식인들을 끌어들이고 인심을 얻는 데 상당한 영향력을 행사할 수 있었다고 한다. 말 그대로 무엇 하나 부족함이 없는 상태였다.

당시 제갈공명은 세상이 알아주는 인재였으므로 어느 곳을 가든지 훌륭한 대접을 받을 수 있었다. 그러나 그는 근거지 하나 제대로 마련되어 있지 않은 유비를 따라나선다. 유비의 인품과 정성에 이끌려 모든 여건이 열악했음에도 불구하고 당장의 이익을 따지지 않고 뜻을 같이한다. 그리고 마지막까지 헌신하는 팔로워로서의 삶을 살아간다.

만약 제갈공명이 조건과 환경을 따져가며 자신의 몸값을 매기는 사람이었다면 그에게 유비는 안중에도 없는 사람이었을지 모른다. 그러나 제갈공명은 당장의 이익보다는 자신을 알아주고 자신과 뜻이 통하는 리더를 위해 끝까지 헌신한다.

이후 제갈공명은 오나라의 손권과 연합하여 위나라의 조조에 대항해 적벽대전에서 역사에 남을 커다란 승리를 이끌어낸다. 그리고 전략적 요충지였던 형주와 인근 지역을 손에 넣으며 그때까지도 떠돌이 생활을 하던 유비가 터전을 마련하는 데 큰 역할을 한다. 지금도 적벽대전이 있었던 지역에 가보면 벽에 붉은색 물감으로 '적벽'이라고 크게 쓰여 있다. 그것은 일부 몰지각한 관광객의 페인트 낙서가 아니라 적벽대전을 승리로 이끌었던 오나라의 장수 '주유'가 직접 쓴 글씨라고 한다.

제갈공명은 유비를 따라나서면서 동생에게 곧 돌아올 것을 약속하며 집안을 잘 보살펴줄 것을 부탁한다. 그러나 결국 제갈공명은 유비가 타계할 때까지 함께한다. 유비는 아들 유선에게 왕위를 넘겼지만 그가 미흡하다고 판단되면 언제든지 황제의 자리를 차지해도 좋다며 제갈공명에게 마지막 말을 남긴다. 하지만 제갈공명은 유선을 끝까지 황제로 모시다가 54세의 나이로 병사하게 된다.

비록 유비와 제갈공명 모두 천하통일의 주인공이 되지는 못했지만, 떠돌이 생활을 하던 유비가 촉나라의 황제가 되고 현세에까지 이름을 전하고 있는 데에는 분명 제갈공명의 팔로워십이 있었기 때문이다.

헌신을 혼자만의 의지로 이끌어내는 것은 한계가 있을 수 있다. 때문에 훌륭한 리더를 만나고 존경할 수 있는 상사와 함께 일할 수 있는 행운도 필요하다. 그러나 우리 주변에 얼마나 많은 주판알 굴리기 선수들이 있는가?

일 하나하나를 따져가며 회사와 주고받기 게임을 벌이며 머릿속으로 연신 계산기를 두드리는 사람들에게 제갈공명은 지나치게 순진하거나 다른 속내를 품은 사람으로 비춰질 수도 있다. 그러나 내가 만약 주판알 굴리기 선수와 헌신하며 일하는 팔로워 중 한 명을 선택해야 하는 입장에 놓이게 된다면 어떨까? 누구를 선택하는 것이 조직을 위해 보다 현명한 결정이 될까?

『군주론』보다 앞선 카스틸리오네의 『궁정론』

16세기 초반 신성 로마제국의 황제 칼 5세의 머리맡에는 늘 세 권의 책이 있었다고 한다. 『성경』, 『군주론』 그리고 『궁정론』이다.

1532년에 출간된 마키아벨리의 『군주론』은 리더십을 설명할 때 자주 등장하는 명저이자 정치학의 고전이다. 반면 『궁정론』은 우리에게 다소 생소하다. 하지만 『궁정론』은 『군주론』과 더불어 르네상스를 대표하는 최고의 정치 교양서로 인정받고 있다. 이 책은 이상적인 궁정 신하의 덕목과 자질을 주로 다룬 '훌륭한 팔로워가 되는 법'에 관한 교본이다.

이 책을 쓴 발데사르 카스틸리오네는 1478년 이탈리아 귀족 가문에서 태어나 인문학 교육을 철저하게 받으며 성장했다. 그는 이탈리아에서 가장 훌륭한 궁정으로 손꼽혔던 우르비노 궁정에서 1504년부터 1516년까지 12년 동안 궁정 신하로 일하며 통치자 두 명을 섬겼다.

처음 모신 군주는 구이도발도 공작이었다. 카스틸리오네를 전폭적으로 신임한 구이도발도 공작은 그에게 중요한 임무들을 수행하게 한다. 이후 구이도발도 공작이 사망하자 카스틸리오네는 작위를 이어받은 프란체스코 마리아 델라 로베레를 섬겼으며, 두 군주로부터 큰 신임을 받은 궁정 신하로 자리매김한다. 향후 그는 외교관으로 활동하며 로마 주재 대사 등을 역임하였고 말년에는 로마 교황 사절단으로 활동하기도 했다.

카스틸리오네는 이처럼 자신이 모신 두 명의 군주에 대한 오랜 경험을 바탕으로 군주를 제대로 모시는 궁정 신하의 원칙에 관한 책 『궁정론』을 집필하기에 이른다. 1528년 세상에 등장한 이 책은 당시 유럽사회에 신선한 충격을 주었으며, 다양한 형태의 판본으로 제작되어 세계 각지로 퍼져나갔다.

『궁정론』은 총 네 권으로 구성되어 있으며 1507년 3월 나흘의 저녁을 보내는 동안 우르비노 궁정에서 신사와 귀부인들이 모여 대화를 나누는 장면을 상상하여 쓴 대화록이다.[17] 제1권에서는 귀족과 귀부인들의 대화를 통해 궁정 신하가 갖추어야 할 지적 · 도덕적 기준을 제시한다. 대화를 이끌어가는 사람은 '로도비코 다 카노사'이다. 그는 훌륭한 궁정 신하가 되기 위해서는 무엇보다 고귀한 가문에서 태어나야 한다며 혈통의 중요성을 강조한다.

제2권에서는 이상적인 궁정 신하는 고귀하고, 무기에 정통하며, 음악과 회화에 조예가 깊으며, 정치적 협상에 능하고, 언변이 좋아야 한다고 주장한다. 또한 행동에 절제가 있어야 하고, 예의 바름과 품격을 갖추어야 한다고 강조한다.

제3권에서는 이상적인 궁정 숙녀의 품격을 논한다. 팔라비치오라는 인물이 여성 혐오적 시각으로 줄리아노와 논쟁을 하는데, 줄리아노는 궁정 숙녀도 궁정 신하와 마찬가지로 자질을 갖출 수 있다고 말한다. 그리하여 여러 귀부인들의 지지를 받게 된다.

마지막 제4권에서는 다시 궁정 신하에 대한 이야기로 집중된다. 군주를 모시는 신하의 업무에 대해 '자신의 모든 능력을 군주를 보필하는 데 써야 하고, 특히 군주가 해야 할 일을 면밀히 검토하고 이해시켜야 한다'고 제시한다.

제2권과 제4권에서는 팔로워십에서 가장 중요하게 생각하는 핵심 내용들, 이를테면 헌신, 실력, 대안 제시, 조화 등이 그대로 언급되고 있다. 무려 500여 년 전에 출간된 『궁정론』이 팔로워의 기본 자세와 역할 그리고 무엇보다도 리더를 섬기는 마음과 자세에 대한 소중한 메시지를 지속적으로 강조하고 있는 것이다.

열띤 토론의 형식을 빌린 『궁정론』에서 이상적인 궁정 신하의 덕목을 발췌해 보았다.

- 궁정 신하는 사악한 말을 하지 않아야 하며, 무엇보다도 자신의 군주 앞에서는 절대로 그러한 모습을 보여서는 안 됩니다.
- 이상적인 궁정 신하는 항상, 특히 사람들 앞에서는 주인을 향한 부하의 태도로써 경외감과 존경심을 유지하며 겸손하고 조심스러운 모습을 보여야 합니다.
- 이상적인 궁정 신하는 자신의 이익을 위해 군주에게 무엇인가를 부탁함으로써 군주가 거절하기 매우 곤란한 나머지 마지못해 승낙하도록 하면 안 됩니다.
- 음악이나 축제나 행상 즉, 궁정주의의 진수라고 할 만한 온갖 즐거운 활동보다 궁정 신하가 가져야 할 진정한 목표는 군주가 덕을 높이도록 격려하고 사악한 행동을 단념하도록 돕는 것이라고 생각합니다.

500년 전 궁정 신하의 바람직한 모습에 대한 『궁정론』의 메시지는 오늘날 리더와 팔로워의 관계에서 요구되는 바와 크게 다르지 않다. 궁정 신하가 군주를 위해 헌신하며 일하는 것을 최고의 덕목으로 여겼다면, 오늘날의 팔로워는 스스로를 위해 헌신하는 자세가 필요하다. 그것이 바람직한 팔로워의 모습, 뛰어난 팔로워의 요건이다.

One
Point
Lesson

헌신하며
똑똑하게 일하는 방법

　탁월한 팔로워에게는 헌신이라는 키워드가 있다. 그러나 무조건적인 자기희생의 헌신을 말하는 것은 아니다. 오늘날 이러한 헌신을 요구하는 것은 매우 시대착오적인 발상의 결과이다. 어느 누구도 결코 귀담아 듣지 않을 것이다.

　헌신이란 누구의 강요가 아닌 팔로워의 자발적 행위를 의미한다. 그러므로 개인의 성장을 최우선에 두고 조직에 기여하는 방법을 찾아야 한다. 가시고기처럼 자신의 살점 한 조각까지 모두 내던지는 미련한 희생이 아니라, 똑똑하게 일하는 방법으로써의 헌신을 행해야 한다.

　헌신하면서 똑똑하게 일하는 방법에는 어떤 것들이 있는지 살펴보자.

　　　　　　　　　리더십의 또다른 얼굴, 팔로워십

미래 가치를 인정하라

건강을 위해 조깅이나 테니스를 시작한다면 어떤 마음으로 해야 할까? 지금 당장 몸짱이 되거나 한두 달 안에 S라인이 생겨야 한다는 조급함을 갖는다면 결국 중도에 포기하게 될 것이다. 장기적으로 건강에 이득이 되고 자연스럽게 몸도 날씬해질 수 있다는 믿음과 꾸준한 투자가 있어야 소기의 목적을 달성할 수 있다.

세계적인 부호이자 투자의 귀재 워런 버핏Warren Buffett은 이러한 투자자의 마음에 대해 자주 이야기한다. 워런 버핏은 단기적인 매매 차익을 노리는 행위가 아니라 기업의 가치를 보고 장기적으로 투자하는 것이 투자의 기본이라고 말한다. 그는 이런 투자자의 마음을 바탕으로 현재 세계 5위 안에 드는 억만장자의 대열에 올라 있다.

장기적인 안목 없이 소문에 따라 이리저리 투자처를 자주 옮기거나, 대출을 받아 조급하게 투자하는 사람치고 수익을 내는 사람은 거의 없다. 이익에 따라 움직이는 것이 투자자의 마음이지만, 단기적인 매매 차익만을 노린다면 장기적으로 이익을 만들어내기 힘든 것이 현실이다. 그 이유는 바로 장기적인 투자자의 마음이 결여되어 있기 때문이다. 당장 눈앞에 보이는 손익에만 집중하는 투자는 투기에 더 가깝기 때문에 현명한 판단을 내리거나 느긋한 마음을 유지하지 못한다. 직장생활 또한 마찬가지다. 진정한 팔로워는 자신의 이익에 민감하게 반응하거나 당장의 손익에 따라 행동하는 것이 아니라 장기투자자의 마음을 바탕으로 사내

생활에 임해야 한다.

장기투자자의 마음과 자세는 돈을 잃을 수도 있고 딸 수도 있다는 생각을 전제로 해야 한다. 또 단기적인 매매 차익보다는 미래 가치를 보고 장기적인 안목으로 투자해야 한다. 반드시 딸 수 있다는 조급한 마음은 오히려 실수를 유발한다. 단기간에 매매 차익을 노리고자 하는 성급한 마음은 투기로 이어져 감당할 수 없는 큰 손실을 초래하기도 한다.

현명한 팔로워십은 장기투자자의 마음으로 일과 일터를 대하는 것이다. 나의 능력을 회사에 투자해서 회사와 내가 동반 성장한다는 장기적인 안목이 있어야 한다. 지금 투입한 노력에 대한 대가가 곧바로 나오지 않는다고 해서 조급해할 필요가 없다.

그럼에도 단기 매매를 하는 투자자들처럼 회사와 흥정을 하고 효용성을 계산하고 이익의 많고 적음을 저울질하는 사람들이 늘어난다. '회사와 상사, 동료를 위해 헌신하고 노력하는 것이 혹시 손해 보는 행동은 아닐까?' '내가 회사를 위해 공헌한 게 얼마인데 보상이 이것밖에 안 되나?' 하면서 자신만의 이익을 좇아 행동하는 사람은 스스로의 발전을 저해하고 인간관계에 문제를 일으키게 된다.

대부분의 사람들은 자신의 공헌과 기여도에 비해 보상은 미흡하다고 생각한다. 그러나 반대로 조직에서는 개인이 기여하는 것보다 구성원의 요구 사항이 더 많다고 생각한다. 일터에서 벌어지는 모든 일들을 수치로 환산하거나 값을 매길 수 있다면 조직에 대한 기여도와 옳고 그름은

리더십의 또다른 얼굴, 팔로워십

쉽게 가려질 것이다. 하지만 조직의 모든 구성원이 이런 일에만 집중한 다면 조직은 제대로 돌아갈 수 없다.

요구 사항을 표현하지 말라는 이야기가 아니다. 단, 정해진 기간과 필 요한 시기에 해야 한다. 지나친 계산과 저울질은 큰 효과를 거두지 못한 다. 장기투자자의 관점에서 느긋함을 갖도록 하자. 그것이 헌신하며 똑 똑하게 일하는 팔로워의 모습이다.

인내심을 키워라

어린아이 앞에 마시멜로가 있다. 아이는 마시멜로가 먹고 싶어 환장할 지경이다. 집을까 말까 하는 고민도 이제 한계에 도달했다. 이때 누군가 나타나 자신이 잠깐 나갔다 올 때까지 참고 기다리면 두 개를 얻을 수 있 지만, 그때까지 기다릴 수 없다면 지금 당장 한 개만 먹을 수 있다고 말한 다. 여러분은 어떤 선택을 할 것인가?

헌신하며 똑똑하게 일하기 위해서는 장기투자자의 관점이 필요하다. 그리고 장기투자자의 관점을 유지하기 위해서는 인내심이 반드시 필요 하다. 인내심이란 충동과 유혹을 억누르고 자기통제를 통해 현명한 선택 을 가능하게 하는 힘이다.

대니얼 골먼은 『EQ감성지능』에서 마시멜로 테스트에 대한 상세한 이 야기와 의미 있는 메시지를 전달한다. 그는 두 가지 경우 중에 하나를 선택하는 행위만으로도 그 아이의 성격뿐 아니라 그 아이가 인생을 헤쳐나가며 취하게 될 궤도를 읽어낼 수 있게 해준다고 말한다.

이 실험은 1960년대에 스탠퍼드대학교 내 유치원에서 심리학자 월터 미셸Walter Mischel이 그 당시 네 살이었던 스탠퍼드대학교 교직원, 대학원생, 고용인의 자녀들을 대상으로 그들이 고등학교를 졸업할 때까지 추적 조사한 것이다.

실험 결과, 실험자가 되돌아올 때까지 15~20분 정도의 시간을 끝까지 기다린 아이들이 있었다. 그들은 자신을 다잡기 위해 눈을 감고 마시멜로를 쳐다보지 않거나, 머리를 팔에 묻었으며, 혼잣말을 했고, 노래를 불렀으며, 심지어 잠을 자려고까지 했다. 그에 반해 충동적인 아이들은 실험자가 자리를 떠난 지 몇 초 만에 냉큼 마시멜로를 집어버렸다.

여기까지의 실험 결과에서는 특별한 점을 찾을 수 없다. 어느 아이들이든 위와 비슷한 행동을 할 것이기 때문이다. 미래의 보상을 위해 좀 더 잘 참아내는 아이가 있으면, 눈앞의 유혹을 뿌리치지 못하고 마시멜로를 얼른 집어 삼키는 아이도 있기 마련이다. 그러나 이러한 행동의 차이가 만들어내는 결과는 그 아이들이 청소년이 되는 12년에서 14년 후에 분명해진다. 곧바로 마시멜로를 삼켜버린 아이들과 잘 참아낸 아이들 간의 차이는 매우 컸다.

인내심을 갖고 기다렸던 아이들은 자기확신이 있었으며 어려움에 직면했을 때 포기하는 대신 도전을 추구했다. 그러나 마시멜로를 바로 집어든 아이들의 3분의 1가량은 문제를 일으킬 만한 심리적 특성을 갖고 있었다. 그들은 좌절에 쉽게 방황하고, 스스로를 나쁘거나 가치 없다고 생각했으며, 질투와 시기가 많고, 화가 나는 일에 신경질적으로 반응했다. 세월이 흐른 뒤에도 여전히 그들은 인내심을 습득하지 못했다.

이 아이들이 고등학교를 졸업하고 다시 평가를 받았을 때, 인내심을 갖고 기다렸던 아이들은 충동에 따라 행동했던 아이들보다 학생으로서 훨씬 더 우수한 성적을 거두었다. SAT(미국의 대학 입학 자격시험) 점수가 더 높게 나온 것은 말할 필요도 없다.

이 연구를 수행한 월터 미셸 덕분에 우리는 미래의 보상을 위해 당장의 만족을 잠시 미루는 사람이 장기적으로 더 큰 이익을 보상받을 수 있다는 사실을 알게 되었다. 인내심이 있는 사람은 삶을 통해 마주할 수 있는 다양한 고난에도 더 잘 견디며 도전을 통해 성공적인 결과를 만들어낼 수 있다는 것 또한 잘 안다. 우리의 경험이, 주변 사람들의 성공 스토리가 마시멜로의 실험 결과를 증명해 보이고 있다.

직장생활은 결코 만만하지 않다. 100% 즐기면서 할 수도 없다. 그러므로 어느 정도 인내의 시간과 의지가 반드시 필요하다. 눈앞의 마시멜로처럼 나를 자극하는 유혹이 다가왔을 때 버텨내자. 그만두고 싶다는 충동과 인내하는 것이 미련한 짓이라는 착각, 적당히 일하자는 타협과 지금보다 더 좋은 조건이 기다리고 있다는 막연한 기대는 나를 유혹하는 한 조각의 마시멜로다.

한 조각의 마시멜로를 선택하는 것은 당신이 가질 수 있는 더 큰 성공을 포기하는 어리석은 행동일 뿐이다. 인내심을 갖고 일하자. 일희일비하며 가볍게 행동하지 말자. 당신의 실력과 헌신을 몰라준다고 원망하거나 여기저기 떠벌리고 다니며 불평하지 말자. 미래의 큰 성공을 위해 조금은 인내하자. 그렇게 하면 당신의 실력은 성장하고 당신은 조직에서 인정받을 것이다.

인내하며 노력했음에도 불구하고 인정받지 못할 것을 두려워하지 말자. 실력이 있음에도 조직에서 인정하지 않는다면 과감히 조직을 버려라. 그 정도의 인내심과 실력이라면 어디에서 무슨 일을 하든 성공할 수 있다. 당신의 능력과 잠재력을 스스로 믿어야 한다. 자신감과 인내심이 있다면 무엇이든 이룰 수 있다.

감사하라

지금으로부터 10년도 더 된 일이다. 회사의 엘리베이터 문이 거의 닫힐 무렵 후배가 헐레벌떡 몸을 끼워 넣었다.

"어휴 지겨워, 출근 시간만 되면 짜증나서 진짜 죽고 싶다니까요. 선배님은 월요일에 짜증 안 나세요?"

'언젠가 이 순간을 그리워할 때가 올 거야. 그러니 지금의 상황과 시간에 감사하자'라는 말을 하려는데 승강기에 타고 있던 요구르트 아줌마가 헉헉거리면서 푸념하는 후배에게 한마디 건넸다.

"이봐 총각, 그 나이에 못할 게 뭐야? 젊다는 것 자체가 감사할 일이야."

당시 후배 녀석은 새로 맡은 일에 적응하느라 힘들어 하고 있었다. 후배는 아주머니의 말을 듣고서는 다소 계면쩍은 표정을 지었다.

감사에 관한 세계에서 가장 저명한 학자이자 저자 가운데 한 사람인 로버트 에몬스Robert Emmons는 감사를 두고 '삶을 향해 일어나는 경이, 고마움, 이해의 느낌'이라고 정의했다.[18] 사람은 자신에게 주어진 여건이 지금보다 더 나쁠 수도 있다는 사실을 깨달음으로써 감사의 마음을 느낄 수 있다. 그리고 이 감사의 마음을 몸소 실천하는 것은 현재의 순간에 집중하고 오늘 주어진 삶을 인정하며 어떻게 해서 그러한 삶에 이르게 되었는지 통찰하는 행위를 모두 포함한다.

현실에 감사하는 마음을 갖기란 결코 녹록하지 않다. 그러한 마음은 강요에 의해서 생기는 것이 아니다. 쥐꼬리만 한 월급을 쪼개가면서 근근이 살아가고 있다면 지금 하는 일에 감사하기란 매우 어렵다. 그러나 이런 생각은 누구나 한다. 이 책을 통틀어 줄곧 강조할 내용이지만 팔로워십을 갖춘 팔로워는 일반적인 부하와 다르다. 그들은 차별화되어 있다. 그리고 그 차이는 생각의 차이에서 출발한다. 생각의 차이는 행동에 영향을 미치며 결국 탁월한 팔로워가 되도록 하는 요인으로 작용한다. 남들과 달리 감사하는 마음을 가지는 것 자체가 차별화가 될 수 있다. 작은 차이가 결국에는 어마어마한 차이를 만들어낸다. 마음을 바꾼다면 세상을 바꿀 수 있다.

내 마음의 중심에는 무엇이 있을까? 일할 때마다 느끼는 감정이 불만이라면 불만이, 감사하는 느낌이 든다면 감사하는 마음이 내 마음의 중심에 놓여 있는 것이다. 불만이 마음의 중심에 있다면 매사가 짜증스럽고 권태로우며 현재의 상황에서 어떻게 탈출할 것인지 방법을 모색할 것이다. 괜히 다른 사람의 일을 트집 잡거나 주어진 일을 대충 넘기면서 하루하루를 흘려보낼 것이다. 이는 아까운 젊음을 소모하는 것이며, 미래에 그리워하게 될지도 모르는 소중한 시간을 허비하는 것이다.

감사하는 마음으로 임하는 것은 자신의 청춘에, 소중한 시간에, 지금 하는 일에 헌신하며 자신을 소중하게 관리하는 것과 같다. 헌신은 탁월한 팔로워들이 가진 차별화된 강점이다. 감사하는 마음을 중심에 둔다면 헌신하며 똑똑하게 일할 수 있다. 감사하는 마음을 중심에 두고, 지금 하는 일과 처한 상황에 감사하자. 감사하는 마음을 중심에 두고 일하는 당신의 모습이 미래의 당신을 만들어가는 하루하루의 큰 행보이다.

배우고 터득해서 노하우를 축적하라

자기 사업에 모든 것을 걸고 헌신하는 자세는 모든 경영자의 공통분모이다. 자신이 하는 일에 헌신할 수 없다면 사업의 성패는 이미 판가름 난 것이다. 필자 또한 온 힘을 다해 저술 활동과 강연에 매진한다. 하루 3시간을 자고 강의에 나서기도 하고, 밤을 새워가며 글을 쓰기도 한다. 이 글을 쓰고 있는 지금은 새벽 3시 59분이다. 헌신하며 일하는 자세는 경영자의 습관이자 경영자만의 특권이다.

그런데 이런 특권을 일반 직원도 누릴 수 있다. 자신의 일을 경영자처럼 하면 된다. 팔로워십으로 헌신하며 일하는 것은 결국 공짜 경영자 수업을 받는 것이나 마찬가지이다. 언젠가 리더가 되고 경영자가 되었을 때 헌신하며 일하는 마음 자세와 태도가 익숙한 습관으로 정착되어 있다면 하는 일마다 성공할 확률이 높아질 것이다.

직장인들이 희망하는 꿈은 조직에서 CEO가 되거나 독립하여 지속 가능한 사업체를 만드는 것으로 크게 나뉜다. 두 가지 모두 목표는 같다. 그들은 언젠가 경영자가 되기를 희망한다. 그 때문인지 최고경영자 과정이나 MBA 과정을 수강하는 사람들이 해가 갈수록 늘어나고 있다. 그곳에서 경영에 필요한 기술과 조직관리 기법 등 이론적인 수업을 통해 지식의 깊이를 더하고자 한다.

시간과 돈 그리고 약간의 의지만 허락된다면 경영 이론은 체계화된 커리큘럼을 통해 얼마든지 습득이 가능하다. 그러나 경영의 경험적 노하우와 실전은 이론으로 습득할 수 있는 것이 아니다. 이는 지금 하는 일을 경영자 수업이라 생각하며 최선을 다해 헌신해야 하는 이유인 것이다.

사업을 꿈꾸는 직장인 중에는 회사의 고객과 사적인 관계를 맺거나, 회사의 제조 노하우를 빼돌려 자기 사업과 연결해 보려는 사람들이 있다. 회사를 다니면서 알게 된 고객 그리고 회사의 노하우를 활용해 사업을 하게 되면 사업이 빠르고 쉽게 진행되는 것이 사실이다.

필자는 오랫동안 무역 업무를 해왔는데, 실제로 오퍼상이라는 것을 개업하는 많은 사람들이 기존에 다니던 회사에서 관계를 맺은 바이어와 새롭게 사업을 시작하는 경우가 많았다. 그러나 이렇게 시작된 사업은 생각만큼 탄탄하지 못할뿐더러 고객도 언제 변할지 모르는 특성을 가지고 있다.

직장생활을 하면서 자신의 사업을 준비하는 것은 결코 나쁘지 않다. 직장에서 노하우를 배우고 습득하여 내 것으로 재탄생시킨다면 이는 그 사람의 능력이지 불법은 아니다. 그러나 회사에서 고객과 제조 노하우를 빼돌리는 것이 자기 사업을 준비하고 경영자가 되는 가장 빠른 길이라고 여기는 것은 잘못된 생각이다.

회사에서 빼내야 할 것은 고객과 회사 기밀이 아니라 경영자의 마인드와 헌신하며 일하는 자세이다. 이것이 최고경영자 과정, MBA에서도 가르쳐줄 수 없는 경영의 진수다. 그저 그런 직원은 당장 내 호주머니를 채

우기 위해 조직에서 무언가를 빼내오려고 한다. 그러나 탁월한 팔로워는 경영자 수업을 받는다는 자세로 일하며, 어디에서도 가르쳐줄 수 없는 경영의 노하우를 스스로 터득한다.

공짜 경영자 수업을 받는다는 마음으로 헌신하며 일하자! 스스로 터득한 노하우를 축적하자! 짧은 시간 반짝이는 반딧불이 아니라 스스로 빛을 발하는 별이 되자!

헌신하며 똑똑하게 일하는 방법

장기투자자의 관점으로 일하자

▶ 자신의 이익에 민감하게 반응하거나 당장의 손익에 따라 행동하지 않고 손해를 볼 수도 있다는 장기투자자의 마음을 바탕으로 일에 임하는 관점.

눈앞에 마시멜로를 빨리 먹지 마라

▶ 미래의 성공과 보상을 위해 인내하며 일하는 자세. 조직생활의 어려움을 감수하고 눈앞의 유혹을 이겨내는 마음가짐.

감사하는 마음을 중심에 두고 일하자

▶ 감사하는 마음을 중심에 두고, 지금 하는 일과 상황에 대해 감사하며 일하는 태도.

공짜 경영자 수업을 받는다고 생각하자

▶ 자기 사업에 모든 것을 걸고 헌신하며 일하는 자세는 모든 경영자의 공통분모다. 팔로워십을 통해 헌신하고 일한다면 결국 공짜 경영자 수업을 받는 것과 마찬가지이다. 헌신하며 일하는 마음과 태도가 습관이 된다면 하는 일마다 높은 성공 확률을 갖게 된다.

16 『삼성 경영철학』 p.103~105(2006. 야마다 간지, W미디어)
17 『궁정론』(2009. 발데사르 카스틸리오네, 북스토리)
18 『How to be happy』 p.186(2008. Sonja lyubomirsky, 지식노마드)

'구글Google과 같은 회사라면 해볼 만하다.' '안철수 같은 경영자와 함께 일한다면 가능하다.' 하는 식으로 조직과 리더와의 관계를 탓하는 데 익숙해지지 않았으면 한다. 그 전에 일을 대하는 자신의 관점이 어떠한지 진지하게 생각해 보았으면 한다. 일을 대하는 관점에 따라 일이 지루하거나 고통스럽거나 권태로울 수도 있는가 하면 일을 하면서 마냥 즐겁고 에너지가 샘솟으며 성취감과 보람을 가질 수도 있다.

7장
대체 불가능한 자원으로 성장하라!

팔로워로 존중받고, 리더로 인정받자

일을 대하는 관점이 우선이다

승승의 관점으로 조직과 나의 관계를 정립하라

팔로워로 존중받고,
리더로 인정받자

우리는 누구나 리더이면서 동시에 팔로워의 위치에 속해 있다. 갓 입사한 말단 사원의 경우라 할지라도 인턴사원에게는 윗사람이자 선배이다. 만일 여러분이 인터넷 카페의 책임자라면 모임에서는 리더이지만 회사에서는 팔로워의 위치에 있게 된다. 한 집안의 막내가 한 가정의 가장일 수도 있고, 아르바이트 학생이면서 동시에 야학교의 선생님일 수도 있다. 상황과 조직에 따라 우리는 늘 리더이자 팔로워의 위치에서 각각에 맞는 역할을 변화무쌍하게 수행해야 한다.

이렇게 리더와 팔로워의 역할이 공존하는 상황에서 우리가 취해야 할 기본적인 행동은 주어진 역할에 충실하는 것이다. 상사에게는 팔로워로, 부하에게는 리더로 인정받는다는 자세로 스스로 대인관계와 조직생활을 원만하게 이끌어가야 한다. 상사에게는 더없이 훌륭한 팔로워이면

리더십의 또다른 얼굴, 팔로워십

서 부하에게는 리더로서 인정받는 것, 이보다 완벽한 조직생활은 없다.

팔로워로 인정받기 위해서는 앞서 설명한 다양한 방법을 적용해 보고 자기발전을 이끌어내는 것이 필요하다. 이외에 리더와 팔로워의 관계는 어떤 방향으로 설정되는 것이 바람직할까?

필자는 이 책에서 상사에게 복종하고 조직에 충성하며 소처럼 열심히 일하다 보면 언젠가 나의 노력을 알아줄 날이 온다는 일반적인 메시지를 전하려는 것이 아니다. 팔로워로 일할 때에는 리더와 보조를 맞추며 일하는 쪽을 택하라는 것이 필자의 논지이다. 제대로 일하고 성취해서 더 크게 성장하는 자신의 모습을 상상하는 사람이라면 초점을 자기 자신에게만 맞추지 말고, 함께 일하는 사람 특히 상사를 늘 염두에 두어야 한다. 상사에게 지나치게 의존해서도 안 되고, 자신의 실력을 믿고 상사를 무시해서도 안 된다. 상사는 상사로서의 가치가 있고 역할이 있기 때문에 그것을 이해하지 못하는 팔로워라면 제대로 된 팔로워도 리더도 될 수 없다.

그런 점에서 팔로워와 리더는 서로 전략적 파트너가 되어야 한다. 전략적 파트너의 관계로 격상되기 위해서는 우선 정치가 아닌 일로 승부해야 한다. 전략적 파트너의 관계는 어느 한쪽에 종속된 관계가 아닌 일에 중심을 둔 상호 보완적 관계를 의미한다. 일로 승부한다면 이러한 관계 형성은 얼마든지 가능하다.

가수 김건모 씨가 한창 잘나갈 때의 일이다. 5집 앨범을 작업할 때였는데, 주변의 추천으로 윤일상이라는 작곡가에게 직접 전화를 걸어 곡을 부탁하였다. 모든 작곡가들이 그에게 곡을 주지 못해 안달할 만큼 잘나가던 시절이었다. 윤일상은 곡을 들고 김건모를 찾아왔다. 노래를 들은 김건모의 반응은 다소 의외였다. 어디서 많이 들어 본 것 같다며 은근히 핀잔을 주었다.

창작하는 사람에게 신선하지 않다는 평가만큼 비수가 되는 말이 어디 있겠는가? 작곡가 윤일상의 표정 또한 밝지 못했다. 그 길로 자리를 박차고 나와 다른 가수에게 곡을 주거나 함께 일하지 않으면 그만이었다. 그러나 윤일상은 다음 날 다시 그를 찾아왔다. 밤을 새워가며 곡을 수정한 것이다. 자존심에 상처를 받았지만 일로 승부를 걸어야 한다고 생각했다. 사실 하루 만에 다시 찾아올 것이라고는 전혀 생각하지 못했던 김건모는 깜짝 놀랄 수밖에 없었고, 새롭게 바뀐 윤일상의 곡이 너무 마음에 들었다고 한다. 그 일을 계기로 가수 김건모와 작곡가 윤일상은 전략적 파트너의 관계로 다수의 히트곡과 주옥같은 노래를 팬들에게 선보이며 오랜 시간 함께하고 있다.

모 토크쇼에서 윤일상 씨는 태어나서 그런 평가는 처음 들어 보았으며, 충격 역시 매우 컸다고 고백했다. 그러나 그는 끝까지 일로써 승부를 보여주었다. 그 결과 일방적으로 곡을 주는 사람이 아니라 전략적 파트너의 관계로 자리매김할 수 있었던 것이다.

리더십의 또다른 얼굴, 팔로워십

일을 적당히 하거나 업무능력은 미흡하면서 파트너로 대접받고 싶다고 생각하는 것은 과욕이다. 사람 좋은 상사를 만나 화기애애한 분위기 속에서 일하는 행운을 누릴 수도 있겠지만 그럴 경우 두 사람 모두에게 위험하다. 일로 평가하는 조직에서 일을 제대로 수행하지 못한다면 리더와 팔로워의 관계는 오래지 않아 균열될 수밖에 없다. 그러나 일로 승부하며 성장한다면 일을 중심에 둔 상호 보완적 관계 즉, 전략적 파트너의 관계로 격상될 수 있다. 이러한 관계야말로 팔로워들이 희망하는 리더와 팔로워의 관계이며, 이것은 일로 승부함으로써 쟁취할 수 있다.

부하 직원에게는 존경할 수 있는 리더로 인정받자. 팔로워십을 발휘하는 당신의 모습은 그 자체로 훌륭한 리더십을 발휘하는 것이다. 상사와 조화를 이루며 자신의 과업을 효과적으로 수행하는 모습은 부하 직원들에게 선망의 대상이 된다. 일로 승부하며 종속적인 관계가 아닌 상호 보완적 관계를 만들어가는 당신의 능력 있는 모습이야말로 후배들이 배워야 할 선배의 덕목이 되기에 충분하다. '남을 따르는 법을 모르는 사람은 리더가 될 수 없다'는 아리스토텔레스의 말이 지닌 의미를 다시금 생각해 보자. 일로 승부하며 팔로워십을 발휘하는 당당한 모습은 그 자체로 충분한 리더십이 될 수 있다는 원리를 이해하자. 이를 몸소 실천해 보일 때 당신은 부하에게 단순히 윗사람, 상사가 아니라 리더로서 인정받게 될 것이다.

일을 대하는
관점이 우선이다

팔로워십을 이야기할 때마다 늘 부딪치는 어려움은 팔로워십을 받아들이는 사람들의 견해가 극명하게 나뉜다는 점이다. 어떤 사람은 팔로워로서 충분히 수용 가능한 메시지라고 생각하는 반면 어떤 사람은 문제는 팔로워십이 아닌 조직과 리더의 문제라고 보기 때문이다. 사실 이러한 생각은 다양성의 차원에서 충분히 이해할 만하다. 그러나 상황과 조건도 중요하지만 일을 대하는 관점이 무엇보다 우선된다는 점을 잊어서는 안 된다.

모든 팔로워가 훌륭한 수준의 팔로워십을 갖출 수는 없다. 어떤 조직에서는 훌륭한 팔로워로 인정받았지만 다른 조직에서는 형편없는 팔로워로 저평가될 수도 있다. 이는 팔로워가 속한 조직의 특성과 리더의 리더십에 따라 구성원들의 팔로워십이 더 크게 성장할 수도 있고 반대로

리더십의 또다른 얼굴, 팔로워십

위축될 수도 있다는 사실을 반증한다.

그렇다고해서 '구글Google과 같은 회사라면 해볼만하다.' '안철수 같은 경영자와 함께 일한다면 가능하다.' 하는 식으로 조직과 리더와의 관계를 탓하는 데 익숙해지지 않았으면 한다. 그 전에 일을 대하는 자신의 관점이 어떠한지 진지하게 생각해 보았으면 한다. 일을 대하는 관점에 따라 일이 지루하거나 고통스럽거나 권태로울 수도 있는가 하면, 일을 하면서 마냥 즐겁고 에너지가 샘솟으며 성취감과 보람을 가질 수도 있다.

심리학자 벨라Bellah와 그의 동료들이 미국에서 수행한 연구[19]는 일에 대한 세 가지 지배적인 태도를 잘 설명하고 있다.

첫 번째, 일은 곧 직업 수단이라는 관점이다. 이러한 관점을 가진 사람들에게 일이란 근무 이후의 시간을 즐기기 위한 금전적 목적의 달성 수단 혹은 생계를 위한 노동에 불과한 것이 된다. 통상적으로 이들의 관심과 꿈은 일 밖에서 드러나며, 취미와 관심사들이 그 꿈과 관련된 경우가 많다.

때문에 일이 생계 수단으로써의 가치를 상실하거나 더 나은 조건이 주어진다면 얼마든지 지금의 일과 일터를 버릴 수 있다. 이들은 지금 하고 있는 일을 타인에게 권하지 않거나, 좋게 말하지 않는 특성이 있다. 일과 일터에 대해 방관자적 입장, 냉소적 입장을 취하기 쉽고 팔로워십을 발휘하기도 힘들다.

두 번째는 일을 경력을 쌓기 위한 수단으로 여기는 경우이다. 이런 종

류의 사람들은 조직이나 직무에서 성장을 수반하는 보상을 얻기 위해 일을 한다. 경력 추구적 태도를 가진 사람들에게는 승진과 성장에서 얻어지는 임금 인상, 인정, 직위 등이 일에 대한 지배적 관심 대상이 된다.

조직을 계산적 사고로 접근한다는 단점이 있을 수 있지만 반대로 조직의 목표와 비전에 관여하고 참여하는 정도가 높다는 장점이 있다. 오늘날 많은 조직들이 경쟁을 부추기고, 보상을 강화하며 성과를 독려하는 상황에서 일 자체를 경력을 추구하는 수단으로 보는 관점은 더욱 힘을 얻고 있다.

성취 욕구가 강한 사람에게 일을 통해 경력을 쌓고 성장하는 것만큼 괜찮은 자기보상도 없다. 단기간에 승부를 내려는 조급함과 지나치게 계산적인 사고만 지양한다면 팔로워십을 강화하기 위해 꼭 필요한 관점이라고 할 수 있다.

세 번째는 일을 소명감calling이라는 시각으로 대하는 경우이다. 이런 관점을 가진 사람들은 금전적 보상이나 승진을 위해서만 일하지 않는다. 그들은 이에 수반되는 성취감 때문에 일을 수행한다. 소명감을 가진 경우 일은 그 자체가 목적이 되며, 일에서 즐거움과 만족을 얻고자 하는 동시에 그 일에 몰입하게 된다.

높은 수준의 팔로워십이 발휘되고 자발적인 헌신과 노력을 바탕으로 조직의 비전을 현실로 만드는 데 기여할 수 있다. 그러나 소명감이라는 시각이 팔로워들이 반드시 갖추어야 할 최종 목적지는 아니다. 소명감

리더십의 또다른 얼굴, 팔로워십

지향적 태도를 보이는 사람들은 인생을 보다 긍정적으로 보는 경향이 있기 때문에 이러한 관점은 그 사람의 성향과 기질에 따라 차이가 발생할 수 있다. 소명감이 없다고 잘못된 팔로워는 아니라는 말이다.

소명감과 관련된 다양한 연구와 실험이 이어졌고 의미 있는 결론이 도출되었다. 즐겁고 행복한 일을 경험해 봤기 때문에 소명감을 갖는 것인지, 소명감을 갖고 있기 때문에 일이 즐겁고 행복한지를 알아보는 종단 연구에서 후자의 경우가 더 설득력이 있다는 결론이 도출되었다.

어떤 조직에서 어떤 일을 수행하는지도 중요하지만 일을 대하는 본인의 관점이 더 중요하다는 의미이다. 일을 대하는 관점이 경력을 추구하는 것이거나 소명감이거나 두 가지 모두 의미가 있다고 생각된다. 성취감을 느끼며 자기발전을 경험하고, 소명감으로 일 자체를 행복으로 전환시킬 수 있다면 팔로워십은 충분히 발휘될 수 있다.

시대와 세대가 달라지고 있고 경영 환경이 급변하고 있다. 조직은 점점 수평적인 관계로 바뀌고 있고, 경우에 따라서는 직급을 파기하는 조직까지 등장하고 있다. 그만큼 팔로워의 중요성이 크게 부각되고 있는 것이다. 그러나 일을 대하는 우리의 관점은 크게 변하지 않는 듯하다. 어떤 조직에서 어떤 리더와 일하는지도 중요하지만 일에 대한 나의 관점이 무엇인지 먼저 살펴보자. 환경보다 관점이 먼저다.

승승의 관점으로
조직과 나의 관계를 정립하라

조직과 팔로워의 관계 역시 매우 중요하다. 사람들에게 있어서 어떤 회사에 다니고, 어떤 조직을 책임지고 있고, 어떤 대우를 받는지의 여부는 매우 중요한 듯하다. 그래서인지 대학생을 대상으로 하는 입사 선호도 조사에서 1위를 차지하는 기업은 좀처럼 바뀌지 않는다. 그러나 조직이 1등이라고 해서 나도 1등이 되는 것은 아니다.

삼성이나 마이크로소프트사에 다닌다고 해서 내가 삼성이 되고 마이크로소프트가 되는 것은 아니다. 승승의 관점으로 조직과 개인의 관계를 제대로 정립하지 못한다면 나는 단순히 삼성에 다니는 사람, 마이크로소프트사에서 일하는 근로자에 지나지 않는다.

흔히 조직의 비전과 개인의 목표를 일치시키라고 한다. 그런데 이것처럼 어려운 일은 없다. 개인과 조직의 바라는 바가 서로 다른데 어떻게 한 방향을 바라볼 수 있겠는가? 조직의 비전은 5년 내 초일류 기업으로 진입하는 것인데, 나는 매달 집세 내기도 빠듯하다. 이렇듯 둘 사이의 차이가 너무 크다 보면 조직의 비전은 내게 결코 와 닿지 않는다.

그러므로 이렇게 바뀌어야 한다. '조직의 비전과 개인의 목표를 일치시킬 수 있는 사람은 그렇게 하고, 안 되는 사람은 그런 척이라도 하라.' 단, 승승의 관점으로 하라. 개인적인 사정을 이유로 조직의 비전을 수용하지 못하겠다면 어쩌겠는가? 개인적인 사정이 해결된 다음에 천천히 생각해도 늦지 않다. 그러나 일을 하는 동안에는 조직과 나의 관계를 제대로 정립해야 한다. 승승의 관점이 필요하다.

조직을 잘 활용해서 나의 현실적인 문제를 해결하려는 마음도 좋고, 겉으로는 협조하는 것처럼 행동하지만 마음은 영 내키지 않아도 상관없다. 조직과 나를 일치시키며 혼연일체가 되어야만 팔로워십이 발휘되는 것은 아니다. 적어도 나 살자고 조직에 피해를 주거나, 내가 승리하기 위해 조직을 이용하는 승패의 관점만 갖고 있지 않다면 당신은 괜찮은 팔로워이다. 나도 승리하고 조직도 승리한다는 마음. 나의 경력도 개발하면서 조직도 함께 발전하고자 하는 마음이 바로 승승의 관점이다.

록펠러의 후계자로 스탠더스 석유회사의 사장이 된 존 아치볼드John Archbold는 영업사원으로 일할 때 자신의 서명 옆에 '한 통에 4달러'라는 글귀를 덧붙였다고 한다. 이 모습을 본 동료들은 아치볼드를 '한 통에

4달러'라는 별명으로 불렀다.

당시 사장이었던 록펠러는 이 일을 의아하게 여겨 아치볼드에게 자초지종을 물었다. 아치볼드는 '한 통에 4달러'는 회사의 표어이므로 남들이 자신의 별명을 부를 때마다 저절로 홍보가 되므로 기분 나쁠 이유가 전혀 없다고 말했다. 그의 이러한 독특한 행동과 일관성은 영업을 하는데 많은 도움을 주기에 충분했다.

5년 후 결국 아치볼드는 록펠러의 뒤를 이어 스탠더드 석유회사의 사장이 된다. 내가 이기고 회사도 이기는 승승의 관점은 결코 거창하지 않다. 내가 맡은 일에서부터 얼마든지 실현 가능하다.

오늘날 종신 고용의 개념은 완전히 사라졌다. 불안한 고용의 현실을 살아가야 하는 현대인들에게 승승의 관점은 그래서 더 중요하다. 일터가 나의 삶을 책임지기는커녕 쉽게 버림받을 수 있는 현실에서 조직으로부터 얻을 것은 얻고, 버릴 것은 과감하게 버린다는 생각도 좋다. 그러나 이런 생각은 누구나 한다. 나만 이기면 된다거나 누군가가 패배해야 나의 승리가 보장된다는 생각으로 생활하면 나와 조직의 관계는 제대로 정립될 수 없다.

시대가 바뀐 만큼 세대도 많이 바뀌었다. 흔히 MZ세대라고 불리는 신세대는 일과 삶의 균형을 가장 중요한 가치로 생각한다. 그들은 일이 전부였던 기성세대와는 판이하게 다른 가치관을 가지고 있다. 그러나 이러한 세대적 특성이 일터를 무조건 등한시하거나, 기껏해야 개인적 삶을

리더십의 또다른 얼굴, 팔로워십

유지시키기 위한 화폐 제공처로 여긴다는 의미는 아니다.

　MZ세대는 일도 중요하지만 삶도 중요하다는 가치를 가지고 있다. 일에서 재량권을 부여받고 싶어 하며 일을 통해 자아실현을 하고자 하는 욕구가 어느 세대보다 강하다. 때문에 팔로워십이 그 해결책이 될 수 있다.

　개인적인 삶도 챙기고, 재량권도 부여받고, 자아실현도 원한다면 일터와 나의 관계를 승승의 관점으로 보라. 일터와 내가 계약 관계로 묶여 있는 것이 아니라, 나와 일터가 함께 성장한다는 승승의 관점으로 둘 사이의 관계를 정립하자.

---

19 『긍정조직학 POS』 p.402~404(2009. 킴 카메론 외)

팔로워십으로
더 높이 도약하라!

이 책은 전적으로 직장인들의 성공을 돕기 위함이다. 직장에서의 성공 경험은 인생의 성공으로 연결된다는 원리를 필자는 경험을 통해 알고 있다. 그리고 그 원리를 하루하루 증명하며 살아가고 있다.

'휴브리스hubris', 과거의 성공 원인에 우쭐하거나 자만하지만 않는다면 일터에서의 성공 경험은 평생을 이끌어줄 대단한 밑천이자 강력한 에너지원이 되기에 충분하다. 그렇다. 직장에서 성공해 봐야 한다.

팔로워십은 좋은 해결책이다. 지치고 힘든 직장생활, 매일 부딪치는 상사와의 관계, 뫼비우스의 띠를 닮은 일상은 이제 과감히 버리자. 그 대신 팔로워십으로 더 높게 도약하자. 팔로워십은 엄청난 성공의 원천이다. 적어도 마음을 열고 받아들일 용의만 있다면 팔로워십은 여러분의 성공을 보장하는 키워드임에 틀림없다.

계산적인 사고, 소극적인 자세는 내려놓고 헌신하며 똑똑하게 일하자. 실력이 미약했다면, 대안 없는 비판을 자주 했다면 모두 던져버리고 탄탄한 실력으로 더 높이 도약하자. 상사와 충돌하며 불편하게 일하기보다는 조화를 이루며 공동의 목표를 함께 달성하자.

현실은 결코 만만하지 않으며 우리를 가만히 두지 않는다. 책을 다 읽고 나서 피어오르는 나름의 의지가 다음 날 출근과 동시에 무너질지도 모른다. 그것이 현실이다. 하지만 그때부터가 각자의 오기와 지혜로 훌륭한 팔로워십을 발휘할 호기이다. 그러므로 여러분의 건투를 빈다. 당신의 승승장구를 기원한다.

심윤섭